Abū Ḥāmid al-Ghazālī, Das Buch der Ehe

Buch XII
der Wiederbelebung
der Religionswissenschaften
(*Iḥyā' 'ulūm ad-dīn*)

إحياء علوم الدين

للإمام الغزالي

AL-GHAZĀLĪ

DAS BUCH DER EHE

Kitāb ādābi n-nikāḥ. Das 12.
Buch der *Iḥyā' 'ulūm ad-dīn*
Übersetzt und kommentiert von HANS BAUER

Die Cyprus Library
Centre for the Registration of Books and Serials
verzeichnet das folgende Werk unter der
ISBN 978-9963-40-048-5

Ursprünglich erschienen als
Islamische Ethik, Heft II, „Von der Ehe.
Das 12. Buch von Al-Ghazālīs Hauptwerk“,
Verlag von Max Niemeyer, Halle a. S. 1917.
A. d. Arabischen übersetzt und erläutert von
HANS BAUER

In überarbeiteter
Form neu herausgegeben von
SALIM SPOHR

2005
2. Aufl. 2016
3., unveränderte Aufl. 2020
ISBN 978-9963-40-048-5

Umschlaggestaltung: Salīm Spohr.
Druck: Alföldi Printing House.
Printed in Hungary.

Inhalt

ZWEITES KAPITEL.
ÜBER DEN EHEKONTRAKT UND DIE
VON SEITEN DER FRAU ERFORDERLICHEN EIGENSCHAFTEN.

DRITTES KAPITEL.
REGELN FÜR DAS EHELICHE ZUSAMMENLEBEN,
ÜBER VORKOMMNISSE IM VERLAUFE DER EHE
UND DIE PFLICHTEN VON MANN UND FRAU.

بسم الله الرحمن الرحيم

Vorwort des Herausgebers.

Mit dem vorliegenden Titel wollen wir die Reihe der Herausgabe jener „Wiederbelebung der Religionswissenschaften“[1] – *Iḥyā’ ‘ulūm ad-dīn* –, des 40 Bücher umfassenden Hauptwerks Abū Ḥāmid Muḥammad al-Ghazālīs eröffnen, das seit 900 Jahren zu den wichtigsten Werken der islamischen Tradition zählt und sich wie kein zweites unter den Muslimen auf der ganzen Welt größter Wertschätzung erfreut.

Für wie wichtig das in einmaliger Weise quellenerschließende und -erhaltende, dogmatisch ebenso präzise wie gedanklich tiefgründige Meisterwerk des berühmten Gelehrten genommen

1) Der Titel einer „Wiederbelebung (Hans Bauer: „Neubelebung“) der Religionswissenschaften“ ist, auch wenn er sich (vgl. „*Revival of Religious Sciences*“) in den europäischen Sprachen als Äquivalent des arabischen Originals *Iḥyā ‘ulūm ad-dīn* durchgesetzt zu haben scheint, nicht unproblematisch. Denn abgesehen davon, daß *‘ulūm*, der Plural von *‘ilm* („Wissen“), klassischerweise schon mit „Wissenschaft“ (Gegenbeispiel: *‘ilm al-aḥyā’* für „Biologie“) übersetzt wird, wozu es dann keine Pluralform mehr geben könnte, charakterisiert der Begriff des Wissenschaftlichen das Werk al-Ghazālīs insofern nur verkürzt und einseitig, als es in ihm nicht zuerst um ein Denksystem, sondern eine Lebensform und Glaubenswirklichkeit geht, es sich immer wieder nicht an den Verstand allein, sondern vor allem an das Herz und andere Kräfte des Gemüts wendet. Entsprechend ist es für den Bereich islamischer Gelehrsamkeit überhaupt bezeichnend, daß beispielsweise eine Erteilung der Lehrbefugnis, *ijāza* (venia legendi), in besonderer Weise von der charakterlichen Eignung des Kandidaten abhängig war, da abendländisch geprägte „Wissenschaft“ doch im Unpersönlichen, im po-

zu werden verdient, zeigt sich in schöner Klarheit am Falle des bekannten Predigers und ḥanbalitischen Rechtsgelehrten IBN AL-JAWZĪ aus Baghdad, der etwa 70 Jahre nach al-Ghazālī dessen Werk zunächst zwar aufs heftigste attackierte [1)], nach einiger Beschäftigung mit ihm dann aber so weit ging, selbst eine Kurzfassung davon unter dem Titel *Minhāj al-qaṣidīn* [2)] mit der Bemerkung herauszugeben, das Werk al-Ghazālīs sei so wichtig, daß man nicht darauf verzichten könne.

Das Buch der Ehe oder genauer das *Buch des rechten Benehmens in der Ehe* (*kitāb ādābi n-nikāḥ*), gegen Ende des fünften Jahrhunderts der Hijra, also vor rund neunhundert Jahren verfaßt, vereinigt die wichtigsten Auskünfte der Tradition zu Fragen der Ehe und ist, wie damals so auch heute, ein unverzichtbarer Grundtext,

sitivistisch Indifferenten vermeintlicher Neutralität ihren Fund setzt, dabei hybride und gottlos wird. Obwohl sich schlichtere Formen des „Wissens ...“, der „Kunde ...“, von „Wissensfeldern ...“ oder „Disziplinen ...“ „... der Religion“, „... des Glaubens“ oder „... der Frömmigkeit“ zur Beschreibung jenes Unternehmens angeboten hätten, haben wir jene historisch gewachsene Kennzeichnung beibehalten, auch wenn diese in der Gefahr schwebt, jederzeit vom Erhabenen ins ausgesprochen Komische umzuschlagen, wie es beim Ausdruck „Wissenschaften der Mystik“ (S. 69) der Fall ist, wo die Bedeutung des griechischen „*myo*“ („ich schließe (die Augen)“) ja eine Metapher begründet, die gerade für die Unterlassung von Erkenntnis steht, einer solchen jedenfalls, auf die (abendländische) Wissenschaft zielt.

1) Eine der Quellen des Argwohns war gewesen, daß Imām Ghazālī in seinem Werk nicht jedes einzelne der von ihm erwähnten Hadithe nachgewiesen hatte, ein Mangel, dem durch die grundlegende Arbeit des Hadithgelehrten al-Ḥāfiẓ al-ʿIrāqī abgeholfen wurde, in deren Verlauf sich jenes Mißtrauen als völlig unberechtigt erwies.

2) Dieses Werk wurde später von dem ḥanbalitischen Rechtsgelehrten Ibn Qudāma al-Maqdisī aus Jerusalem – eine Kurzfassung der Kurzfassung – unter dem Titel *Mukhtaṣar minhāj al-qaṣidīn* veröffentlicht.

Klassiker islamkundlichen Wissens. In ihm wird in wunderbarer Klarheit deutlich, was unser Schöpfer, der uns liebt und nach uns sieht, von uns wünscht, sofern wir Mann und Frau sind.

Was uns heute mit Blick auf eine blaßgesichtige Moderne im vorliegenden Text sicher auffallen, erschrecken oder beglücken wird, ist neben dem offenen Bekenntnis zur Wichtigkeit der Ausübung des Geschlechtlichen, ja deren Gesegnetheit[1] – daß der Prophet ﷺ mit besonderer Manneskraft begabt war, wird anhand beeindruckender Beispiele mit schönem Stolz erwähnt –, eine glasklare Aufgabenverteilung zwischen Mann und Frau, deren Striktheit als ein Ausdruck göttlicher Weisheit angesichts dessen gesehen werden kann, daß Mann und Frau eben vollblütige herrliche Wesen sind, zwischen denen es jederzeit blitzen

1) Wie sehr sich christliche und muslimische Sichtweise hier unterscheiden, läßt CHARLES LE GAI EATON (*Der Islam und die Bestimmung des Menschen*, Köln 1987, S. 95 ff. – Die vom Autor überarbeitete Neufassung soll demnächst beim Spohr Verlag erscheinen.) deutlich hervortreten, wenn er dem Verdikt Thomas von Aquins, die Ehe werde ohne eine Beimischung des Fleischlichen (*sine carnale commixione*) „heiliger", das Wort des spanischen Mystikers und Philosophen Ibn 'Arabī entgegenstellt: „Die intensivste und vollkommenste Kontemplation Gottes wird uns durch die Frauen zuteil, und die leidenschaftlichste Vereinigung ist der eheliche Akt". Während Papst Johannes Paul II. von den „Übeln der Lust" selbst in der Ehe gesprochen habe, so LE GAI EATON, bemerke ein zeitgenössischer muslimischer Autor (er meint Sheikh Nazim Efendi) ganz nebenbei: „Wenn zwei Menschen in der Hochzeitsnacht zusammenkommen, vergibt ihnen Allah alle ihre vorhergegangenen Sünden, so sehr liebt Er die Ehe." Der Prophet habe gesagt, Ehe sei „die halbe Religion", und seine Gefährten mit der Bemerkung in Erstaunen gesetzt, es gebe im Himmel eine Belohnung für jeden Akt der Vereinigung zwischen einem Mann und seiner Frau. Bei anderer Gelegenheit habe er gesagt: „Wenn Ehemann und Ehefrau einander die Hände halten, entweichen ihre Sünden durch die Fingerspitzen ..." (dort, S. 96).

und donnern kann, wovon heftigste Ehekräche im Haushalt des Propheten in erfrischender Weise Zeugnis geben.

Es wird, ob es uns paßt oder nicht, genau das gesagt, was unter dem Prinzip des Göttlichen Gesetzes – eines unschätzbaren Schatzes! – gut ist und wahr und schön. Ein großer Irrtum wäre es, zu glauben, es könnte uns mit Blick auf es auch nur erlaubt sein, überhaupt zu meinen und zu klügeln, da es nicht darauf ankommt, was wir vom Gesetze halten mögen, sondern nur, ob wir bereit sind, uns an es zu halten.

Das *Buch der Ehe* war in der von Hans Bauer besorgten Übersetzung bei Max Niemeyer, Halle 1917, als zweites einer Reihe dreier Bücher aus dem Hauptwerk al-Ghazālīs in Übersetzungen desselben Übersetzers unter dem Gesamttitel einer „*Islamischen Ethik*“[1] erschienen. Da uns das gediegene Deutsch des Übersetzers und auch seine hilfreiche Kommentierung sehr gut gefielen, entschlossen wir uns, diese Arbeit zur Grundlage einer neuen Ausgabe zu machen.

Sofern der Übersetzer den arabischen Text an einer ganzen Zahl von Stellen indes, statt ihn ins Deutsche zu übertragen – ein Reflex jener Offenheit der muslimischen Sprache in diesen Dingen, der als Indiz der Verklemmtheit eines viktorianischen Zeitgeistes belächelt oder als schöne Form der Zurückhaltung dem Intimen gegenüber gelobt werden kann –, in die *lateinische* Sprache übersetzt hatte, war die Frage gewesen, was tun? Einerseits galt es, die alte Übersetzung in ihrem Charakter zu bewahren, zu dem auch

1) Die beiden anderen sind: *Über Intention, reine Absicht und Wahrhaftigkeit* (das 37. Buch von Al-Ghazālīs Hauptwerk), Halle 1916, und *Erlaubtes und verbotenes Gut* (das 14. Buch von Al-Ghazālīs Hauptwerk), Halle 1922.

der gelegentliche Wechsel ins Lateinische gehört, zum anderen sollte der Text von jedermann gelesen und verstanden werden können, da heute nur eine Minderheit des Lateinischen mächtig ist. Wir haben die Sache so entschieden, daß alle im Haupttext stehenden lateinischen Passagen in Fußnoten auf deutsch kommen und in Fußnoten vorkommende lateinische Phrasen in ergänzenden Klammern [...] verdeutscht werden.

Der Gesamttext der Übersetzung Hans Bauers wurde im wesentlichen[1] in ihrem Wortlaut, in Orthographie und Interpunktion beibehalten.

Das vom Übersetzer benutzte Transliterationsystem arabischer Wörter aber, das mit einer Ausnahme[2] dem heutigen der Deutschen Morgenländischen Gesellschaft entspricht, wurde durch das in unserem Hause gepflegte englische System ersetzt, für dessen Verwendung auch im deutschen Sprachraum gute Argumente sprechen, die an anderer Stelle[3] ausführlich dargelegt worden sind.

1) In seiner Einleitung hatte der Übersetzer den Koran an einer Stelle mit einem wirklich unqualifizierten, herabsetzenden Prädikat versehen, welcher Ausdruck in der Überzeugung ersatzlos getilgt wurde, daß Hans Bauer selbst dies heute nur wünschen würde. – Vgl. auch unten, S. 84, Anm. 1.

2) Das als *jīm* sehr verbreitete „j" wurde von ihm zur Kennzeichnung des *yā* benutzt, was heute große Verwirrung stiften muß.

3) Vgl.: „Dem englischen System gaben wir nach längerer Überlegung schließlich vor allem seiner größeren Einfachheit wegen, aber auch deshalb den Vorzug, weil es der Phonetik der Buchstaben im Deutschen überraschenderweise viel näherkommt als jenes Kunstprodukt deutsch-morgenländischer Gelehrsamkeit, es zudem auf der ganzen Welt (vgl. die *Encyclopaedia of Islam*, Leiden 1954 ff.) verbreitet ist." (IBN ISḤĀQ, *Das Leben des Propheten*, Kandern 1999, Vorwort des Verlages, S. 19)

Ferner wurden alle Quellenangaben der Koran-Zitate überprüft und der heute üblichen Zählweise angepaßt.

Ein Wort zu den *ṣalawāt*: Unter Muslimen gilt es als respektlos, den Namen des Propheten, der Friede sei auf ihm, zu erwähnen, ohne einen Lobpreis, ṣalawāt, wie „Allah segne ihn und schenke ihm Heil", *ṣalla Llāhu ʿalaihi wa sallam*, manchmal in Form von Abkürzungen oder kalligraphischer Stempel wie ﷺ und عليه السلام, anzufügen. Bei der Neuherausgabe dieses Werks abendländischer Gelehrsamkeit wurde von einer nachträglichen Einfügung entsprechender Eulogien[1] aber abgesehen, zumal der muslimische Leser, so Gott will, bei der Erwähnung des Propheten, auf dem Gottes Segen ruhe, oder eines seiner Gefährten, Allah sei zufrieden mit ihnen allen, ohnehin von sich aus einen entsprechenden Lobpreis anfügen wird.

Wa min allāh at-tawfīq.

Lympia, Zypern,
im *Shawwāl* 1436, August 2016 SALIM E. SPOHR

1) Daß die vom Übersetzer gewählten Ausdrücke des Respektes, z. B. „*Gottseliger*" oder „*Gottgebenedeiter*", aus unserer Sicht sicher auch eine Schönheit und besonderen Charme haben (vgl. die Bemerkung H. Bauers dazu, S. 16), sollte nicht unerwähnt bleiben.

Vorwort des Übersetzers.

Bei der zum Teil recht mühsamen Übersetzung des vorliegenden Buches bin ich manchmal etwas freier verfahren als beim ersten, habe auch hin und wieder stillschweigend eine Erklärung in den Text aufgenommen, um dem Leser das Verständnis des Gedankenganges nach Möglichkeit zu erleichtern, ohne die Zahl der Anmerkungen über Gebühr zu vermehren. Ich hoffe, daß dieses Verfahren jeder Sachkundige billigen wird, der weiß, wie schwer hier die Treue der Wiedergabe mit der Lesbarkeit zu vereinen ist. An einigen Stellen habe ich durch Einfügung von Überschriften, die im Original fehlen, der Übersichtlichkeit nachzuhelfen gesucht.

Daß der Text ganz unverkürzt wiedergegeben ist, wird man bei dem vorliegenden Thema besonders gerechtfertigt finden, wo so leicht durch eine einseitige Auswahl ein schiefes Bild hätte hervorgerufen werden können. Nimmt man das Buch alles in allem, so wird man trotz mancher unerfreulicher und unser Empfinden verletzender Einzelheiten sagen müssen, daß es nicht viele Werke in der Weltliteratur gibt, in denen der Gegenstand mit so hohem sittlichen Ernst und zugleich mit solcher Gründlichkeit und so feinem Verständnis für die Erfordernisse des praktischen Lebens behandelt würde. Beachtenswert ist auch, daß hier die islamische Ethik, obwohl von denselben Grundsätzen wie die christlich-mittelalterliche ausgehend und wie diese alles rein Menschliche nach transzendenten Gesichtspunkten wertend, doch zu wesentlich anderen Folgerungen kommt. Die juristische Seite der Ehe, die unser Autor, dem Zweck seines Werkes entsprechend, in aller Kürze abtut (Kap. II, Anfang), ist von Europäern schon vielfach behandelt worden. Ich verweise auf das treffliche *Handbuch des islamischen Gesetzes* von Th. W. Juynboll (Leiden 1910) und die dort angeführte Literatur; besonders hervorgehoben sei die Studie von J. Wellhausen, „Die Ehe bei den Arabern" (Nachrichten der Kgl. Gesellschaft der Wissenschaften zu Göttingen, 1893, S. 460-481).

Das Verhältnis des Verfassers zu seiner Vorlage, dem *Qūt al-qulūb* ist im wesentlichen dasselbe wie im vorhergehenden Buch. Wohl neun Zehntel der angeführten Belege sind dieser Quelle (Kap. 45 = Druckausgabe II, 237-259) entnommen. Während sie aber hier, ohne recht erkennbaren inneren Plan aneinandergereiht, den Eindruck einer rudis indigestaque moles[1] machen, ist die Abhandlung al-Ghazālīs, wie schon die bloße Inhaltsübersicht zeigt, besonders gut disponiert. Es wurde diesmal darauf verzichtet, für jede einzelne Entlehnung die Belegstelle im *Qūt* anzugeben, wohl aber habe ich alle die Fälle namhaft gemacht, wo eine Abweichung vom Texte vorliegt oder wo der Verfasser seiner Quelle auch sachliche Ausführungen entnimmt. Eine genaue Vergleichung zeigt hierbei, daß der ihm vorliegende Text des *Qūt* öfters ein anderer gewesen ist als ihn unsere Druckausgabe bietet und daß der von M. zitierte Text wiederum von beiden abweicht. Ein besonders merkwürdiges Beispiel einer Variante findet sich S. 135 f.

Hier noch ein Wort über die von al-Ghazālī aufgenommenen Traditionen überhaupt. Daß diese keineswegs den Ansprüchen der historischen Kritik, auch nicht einmal denen der muslimischen Traditionskritik genügen, ergibt sich schon aus der

1) ungelenk zusammengestoppelten Masse.

eben wieder festgestellten Tatsache, daß er sie ungeprüft einem erbaulichen Florilegium, wie es das *Qūt* ist, entnommen hat. Es kommt ihm eben nur darauf an, durch sie seine theoretischen Ausführungen zu veranschaulichen und zu beleben, und der *Isl. Ethik I*, 39 angeführte Ausspruch des Dā'ūd b. al-Muḥabbir ist wohl ihm selbst aus der Seele gesprochen. Die Späteren haben sich viele Mühe gegeben, den Grad der Zuverlässigkeit der einzelnen Traditionen zu bestimmen und diese, zum Teil vergeblich, in den alten Sammlungen nachzuweisen[1]; ein großer Teil des Kommentars von Murtaḍā dient dieser Aufgabe. Einige haben ihn auch für dies sein unkritisches Verfahren scharf getadelt.[2] In der Tat dürfte nur ein kleiner Teil der in das *Iḥyā* aufgenommenen Traditionen wirklich historisch beglaubigt sein. Aber darum möchten wir diese Erzeugnisse einer frommen Fälschung[3] doch nicht missen. Wenn ihnen auch die historische Wahrheit im eigentlichen Sinne abgeht, so kommt ihnen eine andere, wir können sagen kulturgeschichtliche Wahrheit zu, indem sie die zum Teil recht verschiedenen und einander widersprechenden Gedanken und Stimmungen der ersten islamischen Jahrhunderte getreu widerspiegeln.[4] Unzählige Millionen haben sich an ihnen

1) In Betracht kommen vor allem zwei Werke des ʿIRĀQĪ (gest. 806 = 1413) und eines von IBN ḤAJAR AL-ʿASQALĀNĪ (gest. 852 = 1448), beide von MURTAḌĀ oft zitiert. Vgl. Ḥajjī Khalīfa I, 181.

2) Besonders der [...] Ḥanbalit Ibn Taimīya (gest. 728 = 1328). Vgl. *Enzykl. des Islam II*, 449.

3) [Anm. des Hrsg.: Diese Einschätzung Hans Bauers ist maßlos und insofern unqualifiziert, als keineswegs etwas dadurch, daß es nicht belegt ist, zur Fälschung wird. Hier zeigt sich die Beschränktheit eines auf Schriftliches fixierten Forschers, dem der Wert mündlicher Überlieferung fremd ist.]

4) Es ist das große Verdienst Goldzihers, diese Dinge zum ersten Mal in seinen „Mohammedanischen Studien" klargestellt zu haben.

erbaut, und sie haben zur Formung der islamischen Gesittung wohl zum mindesten ebensoviel beigetragen wie der [...][1] Koran. Nicht als historische, sondern als religiöse Dokumente im weiteren Sinne wollen also diese Aussprüche und Erzählungen gewertet sein.

Was die muslimischen Eulogien betrifft, so konnte ich mich nicht entschließen, sie ganz fortzulassen, weil sie, wie mir scheint, doch ein wesentliches Stimmungsmoment ausmachen. So wird auch kein moderner gläubiger Muslim den Namen des Propheten nennen, ohne jedesmal die betreffende Eulogie beizufügen, ja es ist sogar verpönt, sie in der Schrift abzukürzen. Daß die Übersetzung nur eine annähernde ist, weil sie ohne Schwerfälligkeit nicht wörtlich wiedergegeben werden können, wurde bereits in der Vorrede zum vorigen Heft betont. Bemerkt sei noch, daß diese Formeln nicht enuntiativ zu verstehen sind, sondern einen Segenswunsch ausdrücken. Das besonders frommen und ehrwürdigen Personen beigelegte *raḍiya 'llāhu ʿanhu* habe ich in diesem Buche durch „gottselig" wiedergegeben. Ich gestehe aber, daß ich gern bereit bin, diese wie auch andere Ausdrücke durch eine treffendere Wiedergabe zu ersetzen, falls eine solche vorgeschlagen werden sollte.

Wegen einiger Ungleichmäßigkeiten in den Anmerkungen, die hoffentlich nicht sehr störend empfunden werden, muß ich um Nachsicht bitten. Die ganze Arbeit ist eben in den Pausen des Militärdienstes zustande gekommen, und die erforderlichen Nachschlagewerke standen mir nur kurze Zeit zur Verfügung. Einige Nachweise verdanke ich wieder Herrn Geheimrat Prof. Brockelman. Dem folgenden Heft, welches das 14. Buch von al-

1) Vgl. oben S. 11, Anm. 1.

Ghazālīs Hauptwerk enthalten wird,[1] beabsichtige ich kleine Nachträge und Verbesserungen zum ersten beizugeben. Es sollen dabei auch die brieflichen Mitteilungen, die ich den Herren Goldziher, Nöldeke, Snouck Hurgronje u. a. verdanke, sowie die mir bekannt gewordenen Besprechungen (bis jetzt Goldziher und R. Hartmann) verwertet werden, und ich heiße jeden weiteren Beitrag dankend willkommen.

Dem Kgl. Preußischen Kultusministerium spreche ich meinen geziemenden Dank aus für eine durch Herrn Geh. Regierungsrat Professor Becker vermittelte Druckunterstützung. Ohne diese hätte das Heft während der Kriegszeit nicht erscheinen können.

Herzlichen Dank sage ich auch Herrn Professor Hölscher, der wiederum die Güte gehabt hat, mich beim Lesen der Korrekturen

1) Der von R. Hartmann (*Der Islam VIII*, 152) ausgesprochene Wunsch, das *Iḥyā* möge vollständig übersetzt werden, ist sicherlich gerechtfertigt und entspricht auch meinen eigenen Absichten. Ich bin sogar der Meinung, daß dieses Werk, das uns wie kein zweites die Seele des Islams offenbart, schon längst in einer europäischen Sprache zugänglich sein müßte. Da aber keine Möglichheit bestand, das Ganze drucken zu lassen, so wollte ich zunächst eine Auswahl der wichtigsten Bücher bieten, die ja jederzeit vervollständigt werden kann. Gewiß ist mit der Übersetzung und Erklärung noch nicht alles getan. Eine zusammenfassende Würdigung der islamischen Ethik überhaupt und der Stellung al-Ghazālīs im besonderen wird sich anschließen müssen, und eine der lohnendsten und reizvollsten Aufgaben wird dann die sein, von al-Ghazālī als dem Mittelpunkt ausgehend, die Entwicklung nach vorwärts und rückwärts zu verfolgen und sie mit der überraschend ähnlichen im christlichen Abendland zu vergleichen. Das ist aber eine cura posterior [von nachgeordneter Bedeutung]. Zunächst kann es sich nur darum handeln, das viel gelobte, aber wenig bekannte und verwertete Werk überhaupt zu erschließen, auch einem weiteren Kreise. Ich denke dabei an Theologen, Religionshistoriker und alle, die sich in wissenschaftlicher Weise mit der Kultur- und Geistesgeschichte des Islams befassen wollen.

zu unterstützen, sowie Herrn Geheimrat Prof. Fischer für die Deutung einiger mir zweifelhafter Stellen (S. 70 u. S. 167).

Bezüglich der Abkürzungen[1] sei bemerkt, daß der Textus receptus[2] des *Iḥyā'* in diesem Heft mit R. (nicht wie im ersten mit J.) bezeichnet ist.

Berlin, im Oktober 1917. H. Bauer.

1) [Anm. des Hrsg.: Im Vorwort zur Übersetzung der *Islamischen Ethik Heft I: Über Intention, reine Absicht und Wahrhaftigkeit* erklärt Hans Bauer die Abkürzung „M.", die auch im vorliegenden Text in den Fußnoten vorkommt, ohne hier im Vorwort erklärt worden zu sein: „Der Übersetzung liegt wie meiner früheren Arbeit: Die Dogmatik al-Ghazālī's (Halle 1912), die 10 bändige Ausgabe von Kairo 1311 (1893) mit dem Kommentar des Murtaḍā al-Zabīdī (bezeichnet mit M.) zugrunde ... Da es unserem Autor und in diesem Fall auch uns weniger auf die Personen (*rijāl*) als auf die Aussprüche (*aqwāl*) ankommt, so glaubte ich auf die Wiedergabe der Resultate der muslimischen Traditionskritik, die in Murtaḍās Kommentar den breitesten Raum einnehmen, ganz verzichten zu sollen. Sonst habe ich die ihm entnommenen Anmerkungen mit M. gekennzeichnet." (S. VIII f.)]

2) der aufgenommene (zugrundegelegte) Text.

كتاب آداب النكاح

Einleitung.

Im Namen Gottes, des Gnädigen und Barmherzigen. Gelobt sei Gott, gegen dessen wunderbare Werke die Pfeile des Argwohns nicht ankommen können und vor deren Einzigartigkeit der Geist vor Staunen in Verwirrung gerät, dessen gütige Gnadenerweise unaufhörlich und immer wieder den Geschöpfen zufließen, ob sie wollen oder nicht. Zu diesen wunderbaren Gnadenerweisen gehört auch der, daß er aus Samen die Menschen erschafft, so daß es Blutsverwandtschaft bei ihnen gibt und Verschwägerung, und daß er durch den mächtigen Trieb, den er in sie gelegt, sie mit Gewalt zwingt, sich fruchtbringend zu betätigen[1] und so ihr Geschlecht erhält, auch ohne ihren Willen. Ferner legt er das größte Gewicht auf legitime Abkunft und mißt ihr die höchste Bedeutung bei; darum verbot er auch die Unzucht und gebrauchte die stärksten Worte, um sie als schändlich hinzustellen und vor ihr zu warnen, er erklärt die Verübung derselben als eine greuliche Sünde und als ein schweres Verbrechen. Dagegen empfiehlt er in eindringlicher Weise die Ehe, ratend und gebietend.

Gepriesen sei er, der über seine Diener den Tod verhängt, um sie zu demütigen durch Zerstörung[2] und Vernichtung, der dann aber die Körner des Samens in das Erdreich des Mutterleibes

1) Wörtlich „das Feld zu bestellen", mit Bezug auf Sūra 2, 223.

2) *hadman*; nach M. mit Bezug auf die Tradition: „Denkt an den Zerstörer der Freuden (*hādim* [Var. *hādhim*] *al-ladhdhāt*)!" Dies dann bekanntlich das gewöhnliche Epitheton für den Tod in den Erzählungen von 1001 Nacht.

streut und daraus neue Menschen schafft und auf diese Weise wieder ersetzt, was der Tod vernichtet, – ein Erweis dafür, daß das Meer der göttlichen Allmacht über die Welt Nutzen und Schaden ergießt, Gutes und Böses, Elend und Wohlergehen, Vernichtung und Wiederbelebung.[1] Gebenedeit sei unser Herr Muḥammed, der gesandt ward mit Warnung und Verheißung, gebenedeit seine Familie und seine Genossen, überschwänglich und viel tausendmal!

Die Ehe ist ein Hilfemittel für das Seelenheil und den Teufeln ein Greuel, eine mächtige Schutzwehr gegen den Gottesfeind und die Quelle für die großen Scharen, mit denen der Herr der Gottgesandten[2] sich rühmen will vor den übrigen Propheten.[3] Es ist also wohl angebracht, die Voraussetzungen für die Ehe aufzustellen, ferner das, was Sitte und Brauch bei ihr ist, darzulegen, ihren Zweck und ihr Ziel auseinanderzusetzen und alles, was sie sonst betrifft, im einzelnen auszuführen. Das Wichtigste davon soll im folgenden in drei Kapiteln behandelt werden und zwar im ersten die Gründe für und wider das Heiraten, im zweiten, was in bezug auf den Ehekontrakt und die beiden Kontrahierenden zu beobachten ist, und im dritten die Regeln für das Zusammenleben nach der Eheschließung bis zur Trennung.

1) Wörtlich: „Zusammenrollen und Aufrollen."

2) M. „der ersten".

3) Nämlich am jüngsten Tage, vgl. unten S. 26.

Erstes Kapitel.

Was für und wider das Heiraten[1]) spricht.

ÜBER die Vorzüge des Heiratens sind die Meinungen der Gelehrten geteilt. Die einen übertreiben diese so sehr, daß sie sogar meinen, heiraten sei besser, als sich ausschließlich dem Dienste Gottes zu widmen; andere erkennen zwar dessen Vorzüge an, meinen aber, der ausschließliche Dienst Gottes sei das Bessere, vorausgesetzt, daß der Geschlechtstrieb nicht so stark ist, daß er das seelische Gleichgewicht stört und durchaus seine Befriedigung verlangt. Wieder andere bebaupten, in den jetzigen Zeiten sei es besser, nicht zu heiraten, während es früher umgekehrt war, als man beim Erwerb nicht so sehr auf der Hut zu sein brauchte und die Frauen noch keinen so üblen Charakter hatten.[2]) Um zu erken-

1) *nikāḥ* bezeichnet sowohl den Ehekontrakt (vinculum matrimonii [Band der Ehe]) als auch den Coitus [Geschlechtsverkehr] (usus matrimonii [Vollzug der Ehe]). In bezug auf die Frage, welche der beiden Bedeutungen die ursprüngliche sei, entscheiden sich die meisten muslimischen Gelehrten für die zweite, weil das Wort ursprünglich den Sinn von „comprimere" [zusammendrücken] habe. (M.)

2) Von den vier Rechtsschulen ist im allgemeinen die des Shāfiʿī, der im übrigen auch unser Autor angehört, dem Heiraten am wenigsten günstig gesinnt; wer kein Bedürfnis fühlt zu heiraten, der solle es besser bleiben lassen, denn das Heiraten sei kein gottesdienstliches Werk (*ʿibāda*); nach dem Shāfiʿiten Taqī al-dīn al-Subkī (gest. 756 = 1355) war es allerdings ein solches für den Propheten. Die drei übrigen Rechtsschulen geben ceteris paribus [unter

nen, was hier das Richtige ist, müssen wir zuerst das anführen, was die Traditionen vom Propheten (*akhbār*) und die sonstigen Überlieferungen (*āthār*) für und wider das Heiraten enthalten, dann wollen wir die Vorteile und Nachteile des Heiratens darlegen. Daraus wird klar werden, wem das Heiraten zu empfehlen und wem es zu widerraten ist, je nachdem der Betreffende vor den damit verbundenen Schäden sicher ist oder nicht.

I. Gründe für das Heiraten.

1. Schriftstellen.

Gott d. A. sagt (Sūra 24, 32): „Und verheiratet die Ledigen unter euch." Dieser Satz ist ein Gebot.[1)]

Ferner (Sūra 2, 232): „Und hindert sie nicht, ihre Gatten zu heiraten." Dieser Satz richtet sich gegen die Praxis, eine Frau am Heiraten zu verhindern (*'aḍl*), und verbietet sie.

Ferner sagt Gott, wo er in rühmender Weise von den Propheten spricht (Sūra 13, 38): „Und schon vor dir entsandten wir

sonst gleichen Bedingungen] dem Heiraten den Vorzug, besonders die Ḥanafiten betonen gegenüber den Shāfi'iten scharf, daß es eine wirkliche *'ibāda* sei. (M.)

1) Andere Erklärer sehen darin nur einen Rat (*amr lil-nadb*), kein striktes Gebot. Über die verschiedene Deutung der imperativischen Ausdrücke in Koran und Tradition überhaupt vgl. Goldziher, Die Ẓāhiriten, S. 71 ff. Auch nach *Qūt II*, 237 enthält diese Stelle ein Gebot des Heiratens nur für solche, die es nötig haben, und eine Empfehlung der Ehe für die *ma'ṣūmūn* d. h. jene, die auch ohne sie in ihrem Seelenheil nicht gefährdet sind; für die ersteren sei die Ehe *farḍ* (Pflicht), für die letzteren nur *sunna* (vgl. die übernächste Anmerkung).

Gesandte und gaben ihnen Gattinnen und Nachkommenschaft." Das wird also hier als besonderer Gnadenerweis und als ein ihnen gewährter Vorzug aufgeführt.

Ferner lobt Gott seine Heiligen darum, daß sie solches im Gebet von ihm erbitten, indem er sagt (Sūra 25, 74): „Und diejenigen, welche sprachen: ‚Gib uns, o Herr, an unseren Gattinnen und Sprößlingen Augentrost' usw."

Es heißt auch, Gott d. A. habe in seinem Buch nur solche Propheten genannt, die verheiratet waren.[1] Was aber Johannes [den Täufer], den Gebenedeiten, betrifft, so meint man, er sei zwar verheiratet gewesen, habe jedoch keinen Gebrauch davon gemacht, er habe nur geheiratet, um hierin nicht zurückzustehen und die Sunna[2] zu befolgen; andere meinen, er habe es getan, um vor unlauteren Blicken gesichert zu sein (*li-ghaḍḍ al-baṣar*).[3] Von Jesus aber, dem Gebenedeiten, heißt es, daß er bei seiner Wiederkunft heiraten und Kinder bekommen werde.[4]

1) Nach *Qūt II*, 243, 2 wäre die Zahl der im Koran erwähnten Propheten 35.

2) Sunna ist ursprünglich „Weg, Gesetz, Gewohnheit, Herkommen". In der wissenschaftlichen Sprache hat das Wort noch zwei verschiedene spezielle Bedeutungen. Es bezeichnet 1. die Gesamtheit der auf den Propheten zurückgehenden Überlieferungen, deren Inhalt für den Gläubigen die Norm des Verhaltens bildet; in diesem Sinn gilt *sunna* neben *kitāb* (Koran), *ijmā'* (consensus doctorum [Konsens (Einstimmigkeit) der Rechtsgelehrten]) und *qiyās* (analogia) als eine der Grundlagen (*uṣūl*) des islamischen Rechts; 2. bedeutet es eine nicht gebotene, aber empfohlene (*mandūb*, *mustaḥabb*) fromme Übung im Gegensatz zu *farḍ* (pflichtmäßiges Gebot). Eine unten S. 31 aufgeführte Anekdote beruht auf diesem verschiedenen Sinn des Wortes.

3) Vgl. die unten S. 26 folgende Tradition.

4) Er wird dann nach muslimischer Lehre auch den Antichrist vernichten, nach Mekka wallfahren und, nachdem er noch eine Reihe von Jahren auf der Erde gelebt, neben Muḥammed begraben werden.

2. Traditionen vom Propheten (*akhbār*).

Der Hochgebenedeite sagt: „Das Heiraten gehört zu meiner Sunna, und wer gegen meine Sunna ist, der ist gegen mich."

Ferner: „Das Heiraten gehört zu meiner Sunna, wer also auf die Zugehörigkeit zu mir Wert legt, der halte sich an meine Sunna."[1)]

Ferner: „Heiratet und vermehret euch, denn am jüngsten Tag will ich vor den übrigen Völkern Staat machen mit euch, sogar mit der Frühgeburt."

Ferner: „Wer gegen meine Sunna ist, der gehört nicht zu mir. Zu meiner Sunna aber gehört das Heiraten. Wer also mich liebt, der befolge meine Sunna."

Ferner: „Wer das Heiraten unterläßt aus Furcht vor Armut, der gebört nicht zu uns." Dieser Ausspruch richtet sich aber nicht gegen die Unterlassung des Heiratens an sich, sondern gegen den erwähnten Beweggrund.

Ferner sagt er: „Wer wohlhabend ist, der soll heiraten."

Ferner: „Wer von euch heiraten[2)] (*al-bā'a*) kann, der heirate. So bewahrt er am besten seine Augen vor unlauteren Blicken und seinen Körper vor Ausschweifung.[3)] Wer es aber nicht kann, der möge fasten, denn das Fasten wird für ihn ein Beruhigungsmittel

1) Fehlt bei M.

2) *bā'a* ist sonst nur „beiwohnen". Hier muß aber, wie die Erklärer bemerken und wie der Zusammenhang verlangt, der Sinn sein: „Wer die Mittel hat zum Heiraten".

3) *hādhā aghaḍḍ lil-baṣar wa-aḥṣan lil-farj.*

(*wijā'*) sein."[1] Nach diesem Ausspruch ist der Grund für die Empfehlung des Heiratens die Furcht, daß das Auge oder der Leib ausschweifen könnte; *wijā'* bedeutet eigentlich „dem männlichen Tier die Hoden zerquetschen", so daß es impotent wird, hier ist das Wort aber im übertragenen Sinn gebraucht für die durch das Fasten bewirkte Minderung des Geschlechtstriebes.

Der Hochgebenedeite sagt ferner: „Wenn einer zu euch kommt, der euch religiös[2] und zuverlässig genug erscheint [und um ein Mädchen anhält], so gebt es ihm. ‚Wenn ihr anders handelt,[3] so entsteht Unheil in der Welt und großes Verderben'." Auch hier ist die Furcht vor den üblen Folgen der Anlaß für die Empfehlung des Heiratens.

Ferner sagt er: „Wer Gott zu lieb heiratet und Gott zu lieb jemanden verheiratet, der ist würdig der Freundschaft Gottes."[4]

Ferner sagt der Hochgebenedeite: „Wer sich verheiratet, der hat sein halbes Heil (*dīn*) gesichert, er beobachte nur Gottes Gebot auch in bezug auf die andere Hälfte!" Auch nach diesem Ausspruch liegt der Vorzug der Ehe darin, daß sie vor Verfehlungen bewahrt, weil sie eine Schutzwehr gegen die Ausschweifung ist. Denn was den Gnadenstand (*dīn*) eines Menschen zerstört, ist zumeist der Geschlechts- und der Nahrungstrieb;[5] durch die Heirat wird er aber wenigstens des einen enthoben.

1) Vgl. für diese Tradition AL-BUKHĀRĪ, *Kitāb al-ṣaum* nr. 30 und *Kit. al-nikāḥ* nr. 2 u. 3.

2) Variante: „von gutem Charakter".

3) D. h. wenn ihr beim Freier in erster Linie nur auf Stellung und Vermögen seht, so kommen nur wenig Ehen zustande, und das führt zu Unzucht usw. (M.) Der Prophet zitiert hier Sūra 8, 73.

4) Der Verfasser des *Qūt* bemerkt allerdings (II, 238, 5), das sei die unterste Stufe der *wilāya*.

5) Im Original: penis et venter [Glied und Bauch].

Der Hochgebenedeite sagt ferner: „Das Wirken jedes Menschen nimmt ein Ende, außer dreien: Ein frommes Kind, das für ihn betet, usw."[1] Ein solches kann er aber nur durch Heiraten erlangen.

3. Andere Überlieferungen (*āthār*).

Der gottselige ʿUmar sagt: „Nur zwei Dinge gibt es, welche das Heiraten verbieten, Unvermögen und Ausschweifung." Damit hat er ausgesprochen, daß die Religion keineswegs das Heiraten verbietet. Er beschränkt die Ehehindernisse auf zwei, und zwar sind es zwei tadelnswerte Eigenschaften.

Der gottselige Ibn ʿAbbās sagt: „Die Frömmigkeit eines Menschen ist erst dann vollkommen, wenn er verheiratet ist." Es ist möglich, daß er damit sagen wollte, die Ehe gehöre zur Frömmigkeit und mache deren Vollendung aus. Wahrscheinlich aber meinte er nur, das Herz des Menschen werde wegen der Heftigkeit der sinnlichen Begierde erst durch die Verheiratung beruhigt, die Frömmigkeit ist aber nur dann vollkommen, wenn das Herz frei ist. Deshalb rief er seine Untergebenen, wie ʿIkrima, Kuraib[2] und andere, als sie mannbar geworden waren, zusammen und sprach zu ihnen: „Wenn ihr heiraten wollt, so verheirate ich euch; denn wenn der Mensch Unzucht begeht, so schwindet der Glaube aus seinem Herzen."

1) Die beiden anderen sind: das Almosen, das er gespendet, und das Wissen, das er verbreitet hat. (M.)

2) Beides Klienten des Ibn ʿAbbās. ʿIkrima, berühmt als Koranausleger, starb um 105 = 723 (M. hat unrichtig 158), Kuraib im Jahre 98 (716); ihre Biographien bei Ibn Saʿd, *Tabaqāt* V, 212 ff.

Der gottselige Ibn Mas'ūd pflegte zu sagen: „Selbst wenn ich nur noch zehn Tage zu leben hätte, so würde ich mich verheiraten, um nicht unverheiratet vor Gott zu erscheinen."

Als dem gottseligen Mu'adh b. Jabal zwei Frauen an der Pest gestorben waren und er selbst von ihr befallen wurde,[1] rief er: „Gebt mir eine Frau, denn ich möchte nicht unverheiratet vor Gott erscheinen."

Aus den zwei letzten Aussprüchen geht hervor, daß nach der Ansicht dieser beiden Männer die Ehe an sich ein Vorzug ist, nicht nur, insofern sie eine Sicherung gegen die Gefahr des sinnlichen Triebes bietet.

Der gottselige 'Umar, der sehr viele Frauen hatte, pflegte zu sagen: „Ich heirate nur der Nachkommenschaft wegen."

Einer der „Genossen" hatte sich ganz dem hochgebenedeiten Propheten zur Verfügung gestellt; er diente ihm und übernachtete auch bei ihm für den Fall, daß er zu irgend etwas benötigt würde. „Warum heiratest du nicht?", fragte ihn einmal der hochgebenedeite Prophet. „Ich bin arm, Gesandter Gottes", antwortete der Mann, „und habe nichts, wenn ich aus deinem Dienste gehe." Da schwieg der Prophet. Später aber wiederholte er seine Frage und er bekam dieselbe Antwort. Der Genosse wurde jedoch nachdenklich und sagte bei sich: „Wahrhaftig, der Gesandte Gottes weiß besser als ich, was mir für dieses und für jenes Leben frommt und was mich Gott nahe bringt; wenn er mich zum dritten Mal fragt, so werde ich ihm folgen." Tatsächlich fragte er zum dritten Mal: „Willst du denn nicht heiraten?"

1) Es handelt sich um die „Pest von 'Amwās (Emmaus)" im Jahre 17 oder 18 (638/639), der 25000 Menschen zum Opfer gefallen sein sollen. Vgl. *Enzykl. des Islam I*, 361.

Da sagte[1] ich: „Gib mir eine Frau, Gesandter Gottes!" „Geh' zum Stamm so und so", entgegnete dieser, „und sage zu ihnen: ‚Der hochgebenedeite Gottgesandte befiehlt euch, daß ihr mir ein Mädchen von euch zur Frau gebt."' „Aber ich habe nichts", wandte ich ein. Da sagte er zu seinen Genossen: „Schießt für euren Bruder etwas Gold im Gewicht eines Dattelkerns zusammen!" Sie taten es, und er ging damit zu den Leuten jenes Stammes, die ihm denn auch eine Frau gaben. Dann sagte der Prophet: „Halte ein Festmahl", und die Genossen legten zusammen und lieferten ihm ein Schaf[2] für das Hochzeitsmahl. Die wiederholte Aufforderung zum Heiraten weist darauf hin, daß die Ehe an sich ein Vorzug ist. Es ist aber auch möglich, daß der Prophet dem Mann anmerkte, daß er das Heiraten nötig hatte.

Es wird erzählt, daß ein Gottesdiener eines früheren Volkes seine Zeitgenossen in der Ausübung der religiösen Pflichten weit überragte. Als man auch dem Propheten der damaligen Zeit von dessen Tüchtigkeit im Dienste Gottes erzählte, erwiderte er: „Gewiß, ein trefflicher Mann, nur daß er die Sunna nicht vollkommen erfüllt." Als der Gottesdiener das hörte, verdroß es ihn und er fragte den Propheten darüber. „Du bist nicht verheiratet", antwortete dieser. „Ich bin nicht gegen das Heiraten", entgegnete der Gottesdiener, „aber ich bin arm und werde von anderen unterhalten." „Ich gebe dir meine Tochter", sagte darauf der gebenedeite Prophet, und er gab ihm tatsächlich seine Tochter.

1) Der Mann, von dem früher in der dritten Person die Rede war, tritt hier selbst als Erzähler ein. Später wird wieder in der dritten Person von ihm erzählt.

2) *shāt* ist überhaupt ein Stück Kleinvieh, es kann also auch eine Ziege gemeint sein.

Bishr b. al-Ḥārith[1] sagt: „Aḥmad b. Ḥanbal[2] zeichnet sich durch drei Dinge aus: (1) Er erwirbt erlaubten Unterhalt für sich und andere, ich hingegen erwerbe ihn nur für mich; (2) er gibt sich viel mit Frauen ab, ich gar nicht; (3) er ist aufgestellt als Imām[3] für die Allgemeinheit, [mich kennen nur vereinzelte]."[4]

Vom gottseligen Aḥmad wird erzählt, daß er am zweiten Tage, nachdem die Mutter seines Sohnes ʿAbdallāh gestorben war, wieder heiratete. „Ich möchte", sagte er, „keine einzige Nacht ohne Frau sein."

Als man dem Bishr berichtete, daß die Leute über ihn redeten, weil er unverheiratet blieb, und ihm die Unterlassung der Sunna zum Vorwurf machten, da meinte er: „Sage zu ihnen, er werde durch seine Pflicht von der Befolgung der Sunna abgehalten."[5] Ein anderes Mal erwiderte er auf denselben Vorwurf: „Was mich vom Heiraten abhält, ist nur das Wort Gottes d. A. (Sūra 2, 228): ‚Ihnen (den Frauen) kommen Rechte zu wie Pflichten, nach Billigkeit'." Als man dem Aḥmad dies berichtete, sagte er: „Wo gibt es einen Mann wie Bishr? Er saß auf mir wie eine scharfe Lanzenspit-

1) al-Ḥāfī „der Barfüßer", berühmter Mystiker, gest. 226 oder 227 (841 bezw. 842) in Bagdad.

2) Berühmter Theologe, und Begründer der streng traditionellen Rechtsschule, gest. 241 (855) ebenfalls in Bagdad. Vgl. *Enzykl. des Islam I*, 199 ff.

3) Vgl. *Enzykl. des Islam II*, 504 f.

4) Von Bishr hieß es, er sei wie ein verborgener Brunnen, den nur hin und wieder einer aufsucht, Ibn Ḥanbal dagegen wie der Tigris, zu dem die Leute von nah und fern kommen. (M.)

5) Die Anekdote beruht auf der verschiedenen oben S. 25 dargelegten Bedeutung des Wortes *sunna*. Die ihm die Vernachlässigung der Sunna vorwerfen, meinen natürlich die Sunna des Propheten, deren Befolgung unter Umständen auch Pflicht sein kann. Bishr hingegen gebraucht den Ausdruck gerade im Gegensatz zu Pflicht (*farḍ*) im Sinne von *mandūb* oder *mustaḥabb*.

ze." Trotzdem wird von ihm erzählt, daß er, als er nach seinem Tode im Traum erschien und man ihn darüber fragte, was Gott mit ihm gemacht, antwortete: „Ich erhielt einen hohen Rang im Paradies und wurde sogar bis auf die Stufe der Propheten erhoben, aber ich erreichte nicht den Rang der Verheirateten." Und nach einem anderen Bericht antwortete er: „Gott sagte zu mir: ‚Ich hätte es lieber gesehen, du wärest vor mir nicht unverheiratet erschienen'." Wir fragten ihn auch, wie es Abū Naṣr al-Tammār[1] [al-Hilālī] ergangen sei. „Er erhielt einen Platz siebzig Stufen über mir", antwortete er. Als man ihn weiter fragte: „Wodurch denn, wir meinten, du gehörst über ihn?", antwortete er: „Wegen der Mühe, die ihm seine lieben Töchter und seine Familie gemacht haben."

Der gottselige Sufyān b. ʿUyaina sagt: „Viele Frauen zu haben, ist nicht ein Zeichen von irdischer Gesinnung. Der gottselige ʿAlī war gewiß der größte Asket unter den Genossen des hochgebenedeiten Propheten, und doch besaß er vier Frauen und siebzehn Nebenfrauen." Das Heiraten ist also eine durchgehende Sunna und ein ständiger Zug bei den Propheten.

Als jemand[2] zum gottseligen Ibrahim b. Adham sagte: „Wohl dir, daß du unverheiratet bist und dich ganz dem Dienste Gottes widmen kannst", erwiderte dieser: „Die Sorge, die du wegen deiner Familie hast, ist mehr wert als mein ganzes Tun." „Aber warum heiratest du nicht?" fragte jener. „Ich habe kein Bedürfnis nach dem Weibe", antwortete er, „und möchte meinerseits einer Frau[3] keine Enttäuschung bereiten."

1) Tradierte nach Rajāʾ b. Ḥayāt (gest. 112 = 730). (M.)

2) Nach M. war es Baqīya b. al-Walīd.

3) „Die begehrt, was die Frauen begehren"; so nach einem von M. angeführten Zitat aus der *ḥilya* des Abū Nuʿaim.

Es heißt auch: „Der Verheiratete steht ebenso hoch über dem Unverheirateten wie der in den Kampf Ziehende über dem, der zuhause bleibt“ und „zwei Rakʿa eines Verheirateten sind mehr wert als siebzig Rakʿa eines Unverheirateten.“[1)]

II. Gründe gegen das Heiraten.

Der Hochgebenedeite sagt: „Am besten ist nach dem Jahr 200 derjenige daran, der nicht schwer trägt.“[2)] [Als man ihn fragte: „Was bedeutet das, Gottgesandter?“ antwortete er:] „Einer, der weder Frau noch Kinder hat.“

Ferner sagt der Hochgebenedeite: „Es wird über die Menschen eine Zeit kommen, wo der Mann durch seine Frau, seine Eltern und seine Kinder zugrunde gerichtet wird, die ihm seine Armut vorwerfen und von ihm verlangen, was er nicht bieten kann. Er läßt sich dann in Dinge ein, bei denen er sein Seelenheil daran gibt, und geht zugrunde.“

1) Einmal, weil die Sorge für die Familie ein Kriegsdienst ist und zweitens weil ein Verheirateter nicht durch unlautere Gedanken und Begierden in seiner Andacht abgelenkt wird. (M.) Der Ausspruch wird auch auf den Propheten zurückgeführt.

2) *khafīf al-ḥādh*, wörtlich „leicht von Rücken“, nach *Qūt II* 239, 15 eine berühmte oder bekannte Tradition. Die Lesarten *jād*, *ḥādhdh* und *ḥāl* werden von M. wohl mit Recht verworfen. Im *Qūt* noch die andere Tradition: „Nach dem Jahr 200 ist das Zölibat meiner Gemeinde erlaubt. Lieber soll man dann einen jungen Hund aufziehen als ein Kind.“

In einer Tradition [1] heißt es: Wenig Familie zu haben, ist auch eine Art Wohlstand (*aḥad al-yasārain*), eine zahlreiche Familie dagegen eine Art Armut (*aḥad al-faqrain*).“

Als Abū Sulaimān al-Dārānī [2] über das Heiraten befragt wurde, antwortete er: „Ohne sie (die Frauen) es auszuhalten (*ṣabr*), ist besser als sie auszuhalten, sie auszuhalten ist aber besser als das Höllenfeuer auszuhalten.“ Ferner sagt er: Wer allein ist, der empfindet eine Süßigkeit des Arbeitens [3] und eine Freiheit des Geistes, wie sie der Verheiratete nicht empfindet.“ Ein anderes Mal sagte er: „Ich habe noch keinen von unseren Genossen sich verheiraten sehen, der danach auf seiner früheren Stufe sich gehalten hätte.“ Ferner sagte er: „Drei Dinge gibt es, wer die begehrt, der beweist eine irdische Gesinnung: Wer auf Erwerb ausgeht, eine Frau heiratet oder ein Ḥadīth aufschreibt. [4]

Der gottselige Hasan [al-Basri] sagt: „Wenn Gott einem Menschen Gutes will, so erspart er ihm die Beschäftigung mit Familie und Vermögen. [5] „Man hat viel über dieses Ḥadīth disputiert“, sagt [Aḥmad] b. abī l-Ḥawārī [6], „die allgemeine Ansicht geht aber dahin, daß darin nicht ausgesprochen liegt, man solle die beiden Dinge nicht besitzen, sondern man solle, wenn man sie

1) Im *Qūt* als Ausspruch eines Weisen angeführt. Der erste Teil gilt aber auch sonst als Tradition. (M.)

2) *Qūt*: „Als Sahl b. ʿAbdallāh über die Frauen befragt wurde.“ (M.) In unserem Druck aber (II, 240 5): „Als Abū Muḥammed ...“

3) *Qūt* soll nach M. *ʿilm* statt *ʿamal* haben, also „eine Süßigkeit der Erkenntnis“. In der Druckausgabe (II 238, 16) aber: „Eine Wonne des Daseins und eine Süßigkeit des Handelns.“

4) Das war in den ersten Zeiten verboten. Siehe darüber Goldziher, *Muh. Studien II*, 194-202.

5) Auch als eine von Ibn Masʿūd überlieferte Tradition aufgeführt. (M.)

6) Schüler des Abū Sulaimān al-Dārānī. (M.)

besitzt, nicht durch sie abgelenkt werden." Der Ausspruch besagt dasselbe wie der des Abū Sulaimān al-Dārānī: „Was dich von Gott ablenkt, sei es Familie oder Vermögen oder Kinder, gereicht dir zum Unheil." Überhaupt ist kein einziger der überlieferten Aussprüche gegen das Heiraten absolut gerichtet, sondern immer nur in bedingter Weise, während die Aussprüche für das Heiraten, teils absolut, teils bedingt zu nehmen sind. Wir wollen die Sache genauer erklären, indem wir die Vorteile und Nachteile des Heiratens im einzelnen aufzählen.

III. Die Vorteile des Heiratens.

Es sind ihrer fünf: (1) Erzielung von Nachkommenschaft, (2) Beruhigung der Sinnlichkeit, (3) Führung des Haushaltes durch die Frau, (4) Vermehrung der verwandtschaftlichen Beziehungen und (5) die mit der Sorge um die Familie verbundene Selbstüberwindung.[1)]

1. Erzielung von Nachkommenschaft.

Dies ist die Hauptsache und dafür wurde die Ehe eingesetzt. Ihr Zweck ist die Erhaltung der Gattung und daß das Menschengeschlecht nicht von der Welt verschwinde. Denn der Geschlechtstrieb ist nur geschaffen als wirkender Anreiz, welcher gewisser-

1) Die hier angegebene Disposition wird in der Ausführung vom Verfasser dahin abgeändert, daß er als dritten Nutzen „Auspannung und Erholung" einführt, während die hier an vierter Stelle aufgeführte Abteilung mit der vorausgehenden vereinigt wird.

maßen die Aufgabe hat, beim männlichen Teil die Ausstreuung des Samens und beim weiblichen dessen Aufnahme ins Erdreich zu veranlassen. Die geschlechtliche Vereinigung dient dabei für beide Teile als Anlockungsmittel mit dem Zweck, ein Kind zu „erbeuten", so wie man einen Vogel dadurch anlockt, daß man Körner hinstreut, die er gerne frißt, um ihn so ins Netz zu bekommen.[1] Die ewige Macht wäre gewiß imstande, die einzelnen Menschen auf einmal durch einen bloßen Schöpfungsakt hervorzubringen, ohne Befruchtung und Paarung, aber es entspricht der göttlichen Weisheit, das Verursachte an Mittelursachen zu knüpfen, obschon sie diese entbehren könnte; es liegt darin eine Offenbarung ihrer Macht und eine besondere Vollkommenheit ihres wunderbaren Waltens, indem sie auf diese Weise verwirklicht, was von Ewigkeit her ihr Wille gewesen, durch das Wort festgesetzt und durch das Schreibrohr aufgezeichnet.[2]

Die Bemühung, Nachkommenschaft zu erlangen, ist ein Verdienst (*qurba*) in vierfacher Hinsicht, und hierin liegt der Hauptgrund für die Empfehlung des Heiratens auch für den Fall, daß die Gefahren des sinnlichen Triebes nicht zu befürchten sind, so daß keiner der Altvordern unverheiratet vor Gott erscheinen wollte:

Erstens bedeutet das Bestreben, Nachkommenschaft zu erlangen, um das Menschengeschlecht zu erhalten, die Erfüllung des Willens Gottes d. A. Zweitens kommt man dadurch dem Wunsch des hochgebenedeiten Gottgesandten nach, der mit einer recht großen Anzahl „Staat machen" will.[3] Drittens erlangt ein

1) Die bekannte Schopenhauer'sche Theorie findet sich also hier auf eigenartige Weise schon vorweggenommen.

2) Hinweis auf die göttliche Schicksalstafel (*al-lauḥ al-maḥfūẓ* oder *al-furqānī*).

3) Vgl. die Tradition oben S. 26.

solcher die Gnade, daß das fromme Kind nach seinem Tode für ihn betet. Viertens erlangt er einen Fürsprecher bei Gott, falls das kleine Kind vor ihm stirbt.

Der *erste* Gesichtspunkt ist der feinste und dem Verständnis der großen Menge entlegendste. Er ist aber der eigentlichste und stärkste Beweggrund für die Verständigen, welche eingedrungen sind in die Wunder des göttlichen Schaffens und das Walten seiner Weisheit. Zur Erklärung diene folgendes Gleichnis: Angenommen ein Herr übergibt seinem Knecht Saatkorn sowie die zur Feldbestellung nötigen Geräte, er richtet ihm ein für die Bestellung geeignetes Feld her, und der Knecht ist imstande, das Feld zu bestellen, und der Herr beauftragt einen Inspektor, den Knecht zur Verantwortung zu ziehen. Wenn nun dieser Knecht träge ist, vom Ackergerät keinen Gebrauch macht und das Saatkorn liegen läßt, bis es verdirbt, und wenn er den Inspektor auf listige Weise von sich fernhält, so hat ein solcher Knecht gewiß Zorn und die Strafe von seiten seines Herrn zu gewärtigen. Nun hat aber Gott die Menschen paarweise geschaffen, creavit membrum et testiculos[1)], creavit semen in lumbis[2)], paravit ei in testiculis venas et canales, creavit uterum ut domicilium et receptaculum seminis[3)], er unterwarf die Menschen der Macht des Geschlechtstriebes, der bei jedem männlichen und weiblichen Wesen seine Rechte fordert. Dieser ganze Apparat mit seinen verschiedenen Funktionen bringt in beredter Sprache den Willen seines Schöpfers zum Ausdruck und ruft jedem Vernünftigen deutlich genug zu, wofür

1) So R.: *unthayain*, eine Lesart, der auch M. den Vorzug gibt. Variante: *unthā*, „weiblich“; vgl. Sūra 53, 45 u. 75, 39.

2) Wörtlich: guttam in vertebris [Samen in den Lenden].

3) Er erschuf das Glied und die Manneskraft, er erschuf Samen in den Lenden, er bereitete ihm in bezug auf die Manneskraft Adern und Kanäle, er erschuf den Schoß zum Zitz und zur Sammelstelle des Samens.

er hergerichtet ist. Überdies gibt der Schöpfer noch ausdrücklich seinen Willen kund durch den Mund seines hochgebenedeiten Gesandten, welcher sagt: „Heiratet und vermehrt euch."[1] Wenn also Gott den ausdrücklichen Befehl gegeben und ohne Rückhalt gesprochen hat, so gilt von jedem, der das Heiraten unterläßt, daß er die Bestellung vernachlässigt, das Saatkorn verderben und den von Gott geschaffenen Apparat unbenutzt läßt; er verhehlt den Zweck der Schöpfung und der göttlichen Weisheit, die erkennbar ist aus dem Zeugnis der Einrichtung des Menschen, geschrieben auf diese Glieder von Gottes Hand, nicht mit Lauten und Buchstaben, aber so, daß jeder es lesen kann, dem Gott Einsicht verliehen hat, um einzudringen in die Geheimnisse der ewigen Weisheit. Darum betrachtet das heilige Gesetz die Tötung der Kinder durch lebendiges Eingraben (*wa'd*)[2] als einen Greuel, weil dadurch die volle Entfaltung der Existenz verhindert wird. In demselben Sinne ist der Ausspruch gemeint: „Die Verhinderung der Empfängnis ist auch eine Art Kindesmord."[3] Wer also heiratet, der wirkt mit an der Erfüllung dessen, was Gott d. A. erfüllt wissen will, und wer es nicht tut, der läßt ungebraucht und läßt verderben, was Gott nicht verdorben haben will. Und weil Gott d. A. die Erhaltung des Menschengeschlechtes wünscht, befiehlt er so eindringlich die Speisung Bedürftiger, und er gebraucht dafür den Ausdruck „Darlehen" (*qarḍ*), wenn er sagt (Sūra 2, 245; 57, 11): „Wer will Gott ein schönes Darlehen leihen?"

1) Siehe oben S. 26. – R. hat noch *tanāsabū* „pflanzt euch fort".

2) Wie die Araber der Heidenzeit vielfach mit den neugeborenen Mädchen verfuhren.

3) *al-'azl aḥad al-wa'dain.* Vgl. unten im dritten Kapitel.

Man könnte aber folgendes einwenden: Die Behauptung, die Erhaltung des Menschengeschlechtes sei von Gott gewollt, legt die Meinung nahe, daß sein Untergang von ihm nicht gewollt sei. Damit setzt man aber einen Unterschied zwischen Tod und Leben mit Bezug auf den Willen Gottes. Nun geschieht aber bekanntlich alles nach dem Willen Gottes d. A., und Gott ist vollkommen unabhängig von der Kreatur. Wie soll also bei ihm ihr Leben mehr bedeuten als ihr Tod, ihr Fortbestand mehr als ihr Untergang?

[Darauf antworten wir:] Das Gesagte ist an sich richtig, es wird aber hier falsch ausgelegt. Was wir oben behauptet haben, steht durchaus nicht im Widerspruch zu dem Satz, daß alles Bestehende, sei es gut oder schlecht, Nutzen oder Schaden, vom Willen Gottes d. A. abhängt. Gewiß sind „Wohlgefallen" (*maḥabba*) und „Mißbilligung" (*karāha*) unter sich Gegensätze, aber die beiden stehen nicht im Gegensatz zum Willen. Vielmehr ist manches von Gott Gewollte (*murād*) ihm erwünscht (*maḥbūb*) und manches von ihm Gewollte ihm unerwünscht (*makrūh*). So sind die Sünden ihm unerwünscht, aber trotzdem gewollt, ebenso sind aber auch die guten Handlungen[1] von ihm gewollt, überdies jedoch ihm erwünscht und wohlgefällig. Was aber Unglauben und Schlechtigkeit betrifft,[2] so kann man nicht sagen,[3] daß es ihm wohlgefällig und erwünscht sei, sondern daß es gewollt ist, wie Gott d. A. sagt (Sūra 39, 7): „Und er findet kein Wohlgefallen am Unglauben seiner Diener." Wie könnte auch der Untergang des Menschengeschlechtes hinsichtlich des Wohlgefallens oder der Mißbilligung Gottes sich ebenso verhalten wie dessen Fort-

1) *wahiya* nach *ṭāʿāt* bei R. ist zu streichen.
2) *murāda* nach *ammā* ist in R. zu streichen.
3) Statt *taqūlu* „du sagst" des Textes ist vielleicht eher zu lesen *naqūlu*.

bestehen, da doch der Allerhöchste selbst sagt: „In keiner Sache zögere ich so sehr, als wenn es gilt, den Geist eines meiner muslimischen Diener zu mir zu nehmen, der ungern stirbt und dem ich ungern wehtue. Aber der Tod ist unabwendbar."[1] Der Satz „der Tod ist unabwendbar" drückt Gottes ewigen Willen aus und die Bestimmung, die erwähnt ist in dem Gotteswort (Sūra 67, 2): „Der den Tod erschaffen und das Leben." Es besteht jedoch kein Widerspruch zwischen seinem Wort (Sūra 56, 60): „Wir haben über euch den Tod verhängt" und dem anderen [eben erwähnten]: „Ich möchte ihm nicht gerne wehtun." Aber die richtige Klarlegung dieser Sache erfordert eine genaue Bestimmung des Sinnes der Worte Willen (*irāda*), Wunsch (*maḥabba*) und Mißbilligung (*karāha*) und eine Erklärung ihrer eigentlichen Bedeutung. Man denkt dabei zunächst an das, was beim Menschen die Ausdrücke „Wille, Wunsch, Mißbilligung" besagen. Das ist aber verkehrt. Vielmehr sind die Eigenschaften Gottes und die der Menschen ebensoweit verschieden, wie sein Wesen und ihr Wesen es ist. Die Wesenheit der Menschen besteht aus Substanz und Akzidens, worüber Gottes Wesenheit hoch erhaben ist. So wie aber das, was nicht Substanz und Akzidens ist, sich keineswegs vergleichen läßt mit dem, was Substanz und Akzidens ist, so lassen sich auch die Eigenschaften Gottes nicht mit denen der Menschen vergleichen.[2]

1) Nach M. auch bei AL-BUKHĀRĪ, *Kitāb al-raqā'iq.*

2) M. zitiert eine Stelle aus dem 4. Kapitel von al-Ghazālīs *al-maqṣad al-asnā*, wo der Verfasser ausführt, daß zwei Dinge himmelweit verschieden sein können, auch wenn beide unter einem und demselben Allgemeinbegriff subsumiert werden, so z. B. Weiß und Schwarz, die beide darin übereinstimmen, daß sie Akzidentien und Farben sind und daß sie vom Gesichtssinn wahrgenommen werden.

Diese Dinge gehören indes in die Wissenschaft der Mystik, und dahinter steht das Geheimnis der Prädestination, das man nicht enthüllen darf. Wir wollen uns also nicht darauf einlassen, sondern auf unseren Gegenstand uns beschränken, und zwar sprachen wir vom Unterschied zwischen dem, der zur Ehe schreitet, und dem, der sich von ihr fernhält. Der letztere läßt ein Geschlecht aussterben, das Gott von Adam, dem Gebenedeiten, her Generation für Generation bis auf ihn herab im Dasein erhalten hat. Wer unverheiratet bleibt, der schneidet damit eine Existenz ab, die von der Adams, des Gebenedeiten, ununterbrochen bis auf ihn reicht, und stirbt kinderlos und ohne Nachkommen.

Wäre aber die Beruhigung der Sinnlichkeit das einzige Motiv zum Heiraten, so hätte nicht Muʿādh b. Jabal, von der Pest befallen, ausgerufen: „Gebt mir eine Frau, damit ich nicht unverheiratet vor Gott erscheine.[1] Wollte aber jemand einwenden, daß Muʿādh unter solchen Umständen doch keine Nachkommenschaft hätte erwarten können, wozu also sein Eifer in dieser Sache, so antworte ich: Die Nachkommenschaft wird durch geschlechtliche Vereinigung erzielt, diese letztere aber wird bewirkt durch den Reiz des Geschlechtstriebes, der nicht vom Willen des Menschen abhängt. Von ihm hängt nur ab die Herbeiführung eines Erregers für den Trieb, und das ist in jedem Fall möglich. So braucht ja auch derjenige, der einen Vertrag schließt, nur das zu leisten, was er schuldig ist, und zu tun, was ihm zukommt, das übrige ist nicht seine Sache. Deshalb ist auch für einen Impotenten das Heiraten ein löbliches Werk, denn die Regungen des Geschlechtstriebes sind etwas Verborgenes und der Beobachtung unzugänglich; ja sogar für den, cuius membrum exstirpatum est[2] (*mamsūḥ*), der

1) Vgl. oben S. 29.

2) dessen Glied abgeschnitten wurde.

also unmöglich Nachkommenschaft zu erwarten hat, ist es doch ein verdienstliches Werk, und zwar in demselben Sinne, in dem es für den Kahlköpfigen verdienstlich ist, sich das Rasiermesser über den Kopf führen zu lassen,[1] um so das Beispiel der anderen nachzuahmen und es den frommen Altvordern gleich zu tun. So gilt ja auch das *ramal*[2] und *iḍṭibā'*[3] bei der Pilgerfahrt auch jetzt noch als empfehlenswerte Übung, obwohl es ursprünglich nur den Sinn hatte, den Ungläubigen die ungebrochene Kraft (*jald*) der Gläubigen zu zeigen; mit der Zeit aber wurde das Bestreben, jene, die ihre ungebrochene Kraft zeigten, nachzuahmen und es ihnen gleich zu tun, zu einer frommen Gewohnheit (*sunna*) für die Späteren. Allerdings ist die Löblichkeit (*istiḥbāb*) bei einem Impotenten geringer als bei jenem, der fähig ist, „seinen Acker zu bestellen"[4], und sie wird in den meisten Fällen noch geringer durch den damit verbundenen üblen Umstand, daß die Bestim-

1) Eine darauf bezügliche Tradition wird von Ibn 'Umar überliefert. (M.)

2) ramal ist eine beschleunigte Gangart („zwischen Gehen und Laufen"), die man bei den ersten drei Touren (*ashwāṭ*) des Umgangs um die Ka'ba (*ṭawāf*) einhalten soll. Diese Gewohnheit soll wie die des *iḍṭibā'* darauf zurückgehen, daß die Gläubigen bei der vertragsmäßigen Wallfahrt im Jahre 7 (Ibn Hishām, *Sīra*, S. 789) den Mekkanern imponieren (*riyā'*) und zeigen wollten, daß sie durch das Fieber von Medina nicht geschwächt seien, wie die Ungläubigen erwarteten. (M. IV 352.)

3) Das *iḍṭibā'* (von *ḍab'* „Oberarm") besteht darin, daß man den mittleren Teil des Überwurfes (*ridā'*) unter die rechte Achsel nimmt und die beiden Enden über die linke Schulter schlägt, so daß das eine nach vorn, das andere nach hinten herunterhängt. So bleibt die rechte Schulter frei, und man kann den rechten Arm ungehindert gebrauchen. Diese Übung gilt natürlich nicht für die Frauen. (M. IV 346 f.)

4) Vgl. Sūra 2, 223.

mung der Frau hier nicht erfüllt wird und ihr die Befriedigung versagt bleibt, denn solches ist nicht ohne eine gewisse Gefahr. Der hier angeführte Gesichtspunkt gibt aber die Erklärung dafür, daß die Altvordern die Unterlassung des Heiratens so streng verpönten, auch für den Fall, daß der Trieb dazu fehlte.

Der *zweite* Gesichtspunkt ist der, mitzuhelfen, den Wunsch des hochgebenedeiten Gottgesandten zu erfüllen, der mit einer recht großen Anzahl „Staat machen" möchte, wie der hochgebenedeite Gottgesandte es ausdrücklich ausgesprochen hat.

Auf die Bedeutung der Nachkommenschaft nach all den verschiedenen Gesichtspunkten weist der vom gottseligen ʿUmar überlieferte Ausspruch bei seiner Verheiratung hin: „Ich heirate nur der Nachkommenschaft wegen." Ferner die verschiedenen Traditionen, welche gegen die kinderlose Frau gerichtet sind. So sagt der Hochgebenedeite: „Eine Matte in einem Winkel des Hauses ist besser als eine Frau, die nicht gebiert." Ferner sagt er: „Die Beste unter euren Frauen ist jene, die viele Kinder gebiert (*al-walūd*) und dem Mann viel Liebe bezeigt (*al-wadūd*)." Ferner sagt der Hochgebenedeite: „Eine Häßliche,[1] die viele Kinder zur Welt bringt, ist besser als eine Schöne, die keine bekommt." Dieser letztere Ausspruch beweist auch, daß für die Bestimmung der Vorzüge der Ehe mehr die Erzielung der Nachkommenschaft in Betracht kommt als die Abwehr der Gefahr des sinnlichen Triebes; denn eine schöne Frau ist an sich eher geeignet, den Mann vor Ausschweifung und unlauteren Blicken zu bewahren und seine Begierde zu stillen.

Der *dritte* Gesichtspunkt ist der, ein braves Kind zu hinterlassen, damit es für den Vater bete, wie es in der Tradition heißt:

1) Wörtlich „schwarze".

„Das Wirken jedes Menschen nimmt ein Ende außer dreien." Als eines davon wird das fromme Kind genannt.[1] „Die Fürbitten", heißt es in einer anderen Tradition, „werden auf Platten von Licht den Verstorbenen präsentiert." Der Einwand, das Kind könnte vielleicht nicht brav sein, hat nichts zu bedeuten. Denn in jedem Fall ist es ein gläubiges Kind, und wenn die Eltern religiös sind, werden sie zumeist auch brave Kinder haben, besonders wenn sie darauf aus sind, sie ordentlich zu erziehen und zum Guten anzuhalten. Übrigens wird das Gebet eines Gläubigen für seine Eltern diesen immer nützen, mag der Betreffende ein Gerechter oder ein Sünder sein. Der Vater wird also belohnt für die Gebete und die guten Werke seines Kindes, denn er ist die Ursache von all dem,[2] aber er wird nicht verantwortlich gemacht für dessen Übeltaten, denn „keine belastete Seele soll die Last einer anderen tragen" (Sūra 6, 164; 17, 15; 35, 18; 39, 7; 53, 38). Darum sagt Gott d. A. (Sūra 52, 21): „Wir wollen sie mit ihrer Nachkommenschaft vereinigen und um nichts von ihren Werken wollen wir sie betrügen", d. h. wir wollen sie um nichts von ihren Werken verkürzen, dagegen ihnen die guten Werke ihrer Kinder noch dazu anrechnen.

Der *vierte* Gesichtspunkt ist der, daß das Kind, wenn es vor dem Vater stirbt, ihm zu einem Fürsprecher wird. Vom hochgebenedeiten Propheten wird der Ausspruch überliefert: „Das Kind zieht[3] seine Eltern mit ins Paradies", und nach einem anderen

1) Vgl. oben S. 28.

2) Wörtlich „es ist sein Erwerb (*kasb*)". Vgl. Dogmatik al-Ghazālīs, S. 63. Der Vater ist nicht die direkte, unmittelbare Ursache (*bi-l-mubāshara*), sondern die indirekte, mittelbare (*bi-l-tajaddud*). (M.)

3) Im *Qūt* und auch sonst noch mit dem Beisatz „mit seinem Nabelstrang". (M.)

Bericht sagte er: „Er (der Vater) faßt sein Kleid, wie ich jetzt dein Kleid[1] fasse."

Ferner sagte der Hochgebenedeite: „Wenn das Kind aufgefordert wird, ins Paradies einzutreten, wartet es an der Paradiesespforte *muḥbanṭi'an* – d. h. voll Zorn und Ärger – und spricht: ‚Ich gehe nur dann ins Paradies ein, wenn meine Eltern mit mir gehen'. Da ruft man: ‚Laßt seine Eltern mit ihm ins Paradies gehen'."

In einer anderen Tradition heißt es: Die Kinder werden, wenn die Menschen ihre Rechenschaft abzulegen haben, an einen bestimmten Platz versammelt. Dann erhalten die Engel den Auftrag, sie ins Paradies einzuführen. Die Kinder bleiben aber an der Paradiesespforte stehen, und da man ihnen zuruft: „Willkommen, ihr Sprößlinge der Gläubigen, kommt herein, ihr braucht keine Rechenschaft abzulegen", entgegnen sie: „Aber wo sind denn unsere Väter und unsere Mütter?" „Eure Eltern sind nicht so wie ihr", erwidern die Paradieseswächter, „sie haben Sünden und Verfehlungen auf sich geladen, darum müssen sie Rechenschaft ablegen und werden zur Verantwortung gezogen." Da fangen die Kinder an zu schreien und alle zusammen an die Paradiesespforte zu pochen, so daß Gott d. A. – er weiß wohl, was sie wünschen – fragt: „Was ist das für ein Gepoche?" „Es sind die muslimischen Kinder, o Herr", antwortet man ihm, „sie wollen nicht ins Paradies eingehen, wenn ihre Eltern nicht dabei sind." Da befiehlt Gott d. A. den Engeln: „Geht durch die Menge, nehmt ihre Eltern bei der Hand und führt sie ins Paradies ein!"

Der Hochgebenedeite sagt: „Wem zwei von seinen Kindern sterben, der ist durch mehrere Schutzmauern vor dem Höllenfeuer gesichert." Ferner: „Wem drei Kinder in Unschuld sterben, den

1) Der Prophet spricht zu Abū Huraira, auf den diese Tradition, die sich auch in der Sammlung MUSLIMS findet, zurückgeht. (M.)

läßt Gott ins Paradies eingehen, aus besonderem Mitleid für sie." „Und wenn es nur zwei sind, Gottgesandter?" fragte man ihn. „Auch wenn es nur zwei sind", antwortete er.

Von einem Frommen wird erzählt, daß man ihm oft das Heiraten nahe legte, und er ging lange Zeit nicht darauf ein. Eines Tages aber erwachte er aus dem Schlafe und rief: „Gebt mir eine Frau!" Man willfahrte seinem Wunsche, und als man ihn um Aufklärung ersuchte, antwortete er: „Vielleicht schenkt mir Gott ein Kind und nimmt es zu sich, auf daß es für mich ein Vorläufer im Jenseits werde. Ich träumte", erzählte er weiter, „das jüngste Gericht finde statt; ich stand mit den anderen Menschen da und hatte einen solchen Durst, daß ich glaubte vergehen zu müssen; auch die anderen litten sehr unter dem Durst und der Bedrängnis. Als wir so dastanden, drängten sich auf einmal Kinder durch die Menge mit Tüchern von Licht angetan, die silberne Krüge und goldene Becher in den Händen hatten und einem nach dem andern zu trinken gaben, indem sie sich durch die Menge drängten und an den meisten vorbeigingen. Ich streckte die Hand nach einem der Kinder aus und bat es, auch mir zu trinken zu geben, da ich so sehr vom Durst gepeinigt wurde. ‚Von dir ist kein Kind unter uns', entgegnete es mir, ‚wir lassen nur unsere Eltern trinken'. ‚Wer seid ihr denn'? fragte ich. ‚Muslimische Kinder', antworteten sie, die früh gestorben sind'."

Auch der Koranvers (Sūra 2, 223): „Geht zu eurem Acker, wie ihr wollt; aber sendet (etwas) für euch voraus" wird von manchen Erklärern dahin ausgelegt: „Sendet Kinder voraus ins Jenseits."[1]

1) Andere wollen zu „sendet voraus" ergänzen: „die Ehe", wieder andere: „die Anrufung des Namens Gottes". Die erste und dritte Erklärung auch bei AL-BAIḌĀWĪ.

Aus den vier genannten Gesichtspunkten ergibt sich, daß der Hauptvorzug der Ehe der ist, daß sie die Ursache für Nachkommenschaft wird.

2. Dämpfung[1] der Sinnlichkeit.

Der zweite Vorteil der Ehe besteht darin, daß sie eine Schutzwehr gegen den Teufel ist, die Begierlichkeit dämpft, die Gefahren des sinnlichen Triebes beseitigt, die unlauteren Blicke und die körperliche Ausschweifung hintanhält. Das liegt im Ausspruch des Hochgebenedeiten ausgedrückt: „Wer heiratet, der hat die Hälfte seines Seelenheils gesichert, er fürchte Gott in bezug auf den zweiten Teil“, und dasselbe besagt der andere Ausspruch: „Ihr sollt heiraten, und wer es nicht kann, der soll fasten, denn das Fasten wird für ihn ein Beruhigungsmittel sein.[2] Die meisten Belege, die oben aus Traditionen und Überlieferungen angeführt wurden, haben diesen Gesichtspunkt im Auge. Er ist aber niedriger als der erste. Denn der Geschlechtstrieb ist mit der Forderung, Nachkommenschaft zu erzielen, betraut.[3] Die Ehe nun gewährt ihm Betätigung, beruhigt seinen Drang und verhindert, daß er übel ausartet. Es ist aber nicht dasselbe, ob jemand seinem Herrn gehorcht in dem Bestreben, seinen Willen zu erfüllen, oder ob er ihm nur gehorcht, um von seiten der Verwaltungsbehörde[4] keine Unannehmlichkeiten zu haben. Geschlechtstrieb und

1) Wörtlich „Brechung“ (*kasr*) d. h. ihre Unschädlichmachung dadurch, daß sie in erlaubter Weise befriedigt wird.

2) Vgl. oben S. 26 f.

3) M.: *muwakkal mutaqāḍī*, R.: *muwakkala bi-taqāḍī*.

4) M.: *muwaqqala*, R.: *taukīl*. Als solche gilt in diesem Gleichnis eben der Geschlechtstrieb.

Nachkommenschaft sind beide eine göttliche Einrichtung und zu einander in Beziehung gesetzt. Man darf aber nicht meinen, daß der eigentliche Zweck die Lust sei und die Nachkommenschaft nur die notwendige Folge, so wie z. B. der Stuhlgang die notwendige Folge des Essens, aber kein Selbstzweck ist. Nein, der der Natureinrichtung und der göttlichen Weisheit entsprechende Zweck ist vielmehr die Nachkommenschaft, und die libido [1]) soll dabei nur als Anreiz wirken. Freilich soll der Geschlechtstrieb nicht lediglich die Kindererzeugung erzwingen, sondern er ist auch in einer anderen Hinsicht eine weise Einrichtung. Die mit seiner Befriedigung verbundene Lust, mit der sich, wenn sie von Dauer wäre, keine andere vergleichen ließe, soll nämlich auf die im Paradies verheißenen Wonnen hindeuten. Denn es wäre nutzlos, einem eine Wonne in Aussicht zu stellen, die er niemals empfunden hat; so hätte es keinen Sinn, einen Impotenten anspornen zu wollen, voluptate coitus[2]) oder einen Knaben voluptate possedendi et imperandi[3]). Die irdischen Vergnügungen sind daher auch insofern von Bedeutung, als sie das Verlangen nach dem dauernden Genuß derselben im Paradiese wecken und so einen Ansporn für den Dienst Gottes bilden. Man betrachte die hier sich offenbarende göttliche Weisheit, Güte und Ordnung, wie ein und derselbe Trieb auf ein zweifaches Leben hingeordnet ist, ein äußeres und ein inneres. Das äußere Leben eines Mannes besteht darin, daß sein Geschlecht fortlebt, denn dies ist eine Art persönlicher Fortdauer, das innere Leben aber ist das jenseitige Leben. Diese beschränkte, so schnell vorübergehende Lust weckt also das Verlangen nach der vollkommnen, weil ewig dauernden

1) Begierde.

2) durch die Lust der Vereinigung.

3) durch die Lust auf Besitz und Herrschaft.

Lust und spornt den Eifer[1] an für den Dienst Gottes, der zu ihr führt; das heftige Verlangen nach der irdischen Lust trägt also dazu bei, dem Menschen die Erfüllung dessen zu erleichtern, was zu den Freuden des Paradieses führt.[2] Es gibt kein einziges Teilchen im menschlichen Körper, sei es außen oder innen, ja kein Teilchen in der himmlischen und irdischen Welt überhaupt, das nicht Feinheiten und Wunder der göttlichen Weisheit in sich schlösse, vor welchen der Verstand stille steht. Solches wird aber nur den reinen Seelen geoffenbart nach dem Maße ihrer Läuterung und ihrer Abwendung von dem Glanz der Welt, deren Verlokkungen und Gefahren.[3]

Die Ehe ist also dadurch, daß sie die seitens der Sinnlichkeit drohende Gefahr beseitigt, ein wichtiges Moment für die Religion[4] bei jedem, der nicht mittellos oder impotent ist, also bei den allermeisten Menschen. Denn wenn die Sinnlichkeit übermächtig und nicht durch eine starke Gottesfurcht in Schranken gehalten wird, so führt sie zu Ausschweifungen. In diesem Sinne zitiert auch der Hochgebenedeite in einem seiner Aussprüche das Gotteswort (Sūra 8, 73): „Wenn ihr das nicht tut, so entsteht Unheil

1) Zu lesen ist mit M. *tastaḥiththu*; R.: *yastaḥibbu*.

2) So der Text bei R.; bei M.: „Der Mensch wird also durch das heftige Verlangen darnach besser disponiert" (*iusta'add*) und er empfindet als eine Lust [durch die Erleichterung] die Erfüllung dessen, was ..." Das in Klammern stehende ist vielleicht Glosse und besser zu streichen.

3) Die voluptas coitus [Lust der Vereinigung] ist aber (nach M.) nur ein Gleichnis, um die Wonnen des Paradieses einigermaßen begreiflich zu machen. In Wirklichkeit sind sie jedoch toto coelo [gänzlich] davon verschieden, „wie kein Auge es gesehen, kein Ohr es gehört und in keines Menschen Herz es gekommen ist." Diese auf 1. Cor. 2, 9 zurückgehenden Worte werden sogar als Tradition aufgeführt.

4) Oder das Seelenheil.

in der Welt und großes Verderben."[1] Wird aber einer durch die Gottesfurcht im Zaume gehalten, so wird es sein Bestreben sein, seine Glieder vor dem Nachgeben gegenüber der Sinnlichkeit zu bewahren, indem er seine Augen hütet und seinen Körper in Zucht hält. Dagegen steht es nicht in seinem Willen, auch sein Inneres von bösen Einflüsterungen und Gedanken frei zu halten, sondern unaufhörlich zerrt an ihm die sinnliche Natur und stellt ihm geschlechtliche Dinge vor. Auch der Teufel läßt nicht ab, ihn in einem fort zu versuchen; selbst beim Gottesdienst stellt er ihm solches vor, so daß durch seine Seele geschlechtliche Dinge ziehen, wegen derer er sich vor dem gemeinsten Menschen schämen würde, wenn sie einem solchen kund getan würden. Nun schaut aber Gott auf das Herz des Menschen, das Gott gegenüber dasselbe ist, was die Zunge den anderen Menschen gegenüber;[2] und das, worauf es für den Anfänger im geistlichen Leben[3] an erster Stelle ankommt, ist sein Herz. Die Übung des Fastens beseitigt aber bei den meisten Menschen die Ursache der Versuchungen nur insofern, als sie auch den Körper schwächt und dadurch die Gesundheit schädigt. Deshalb sagt der gottselige Ibn ʿAbbās: „Die Vollendung der Gottseligkeit ist das Heiraten."[4]

Alle Menschen leiden unter dieser Plage (des Geschlechtstriebes), und nur wenige gibt es, die davon frei sind. So ist nach der Ansicht Qatāda's in dem Gotteswort (Sūra 2, 286): „Leg uns nicht auf, was wir nicht tragen können" der ardor libidinis[5] gemeint.

1) Vgl. oben S. 27.

2) D. h. wie der Mensch vermittels der Zunge das Innere erkennt, so Gott, indem er auf das Herz sieht.

3) Wörtlich „im Beschreiten des Weges des Jenseits".

4) Vgl. oben S. 28.

5) die Glut der Leidenschaft.

Desgleichen erklärten ʿIkrima und Mujāhid das Gotteswort (Sūra 4, 28): „Der Mensch ward schwach erschaffen" dahin, daß er ohne das Weib nicht leben könne.

Und Fayyāḍ b. Najīḥ sagt: „Cum erigitur membrum viri, duae partes rationis eius pereunt"[1] und ein anderer: „... so schwindet ein Drittel seiner Religion dahin." Und zu den seltsamen Koranerklärungen des gottseligen Ibn ʿAbbās gehört auch die, daß er den Koranvers (Sūra 113, 3): „und von dem Übel der Finsternis (*ghāsiq*)[2], wenn sie eintritt", auf die erectio membri[3] bezog. Das ist allerdings eine gewaltige Prüfung, vor der weder Vernunft noch Religion standhalten, wenn sie sich erhebt. Obwohl sie etwas Gutes ist – denn sie geht ja, wie oben ausgeführt wurde, auf einen guten Zweck[4] –, so ist sie doch die stärkste Waffe des Teufels gegen die Adamssöhne. In diesem Sinne sagt auch der Hochgebenedeite: „Ich kenne nichts an Verstand und Religion Inferiores[5], das die Verständigen mehr überwältigte als ihr (Frauen)." Und in einem Gebet des Hochgebenedeiten heißt es: „Mein Gott, behüte mich, daß ich nichts Böses höre, nichts Böses sehe,

1) „Wird das Glied des Mannes steif, entschwinden beide Teile seines Verstandes."
2) Das Wort wird sonst von den Erklärern auf das Dunkel der Nacht oder die Mondfinsternis bezogen.
3) Versteifung des Gliedes.
4) R.: „Zwei Leben"; vgl. oben S. 48.
5) Die „geistige Inferiorität" des weiblichen Geschlechts bekundet sich nach einer bei AL-BUKHĀRĪ (*Kitāb al-ḥaiḍ* nr. 6) angeführten Tradition darin, daß dem islamischen Recht zufolge das Zeugnis eines Mannes ebensoviel gilt wie das zweier Frauen. „In religiöser Hinsicht minderwertig" heißen die Frauen, nicht etwa weil sie weniger fromm wären und das von der christlichen Kirche ihnen gegebene Epitheton „devotus femineus sexus" [verwünscht ist das weibliche Geschlecht] im Islam verdienten, sondern nach derselben Tradition lediglich darum, weil sie zur Zeit ihrer Unreinheit

nichts Böses im Herzen hege, atqne a malo seminis mei";[1] und in einem andern: „Ich bitte dich, purifica cor meum, serva membrum meum."[2] Wie darf aber ein gewöhnlicher Mensch unachtsam sein gegen eine Gefahr, vor welcher der Hochgebenedeite Gott um Bewahrung gebeten hat!

Ein Frommer, der viel mit Frauen zu verkehren pflegte, so daß er deren fast immer zwei oder drei hatte, bekam darüber Vorhaltungen von Ṣūfis. Er erwiderte ihnen: „Hat noch keiner von euch die Erfahrung gemacht, daß er in einer Verrichtung vor Gott d. A. saß oder stand und in seinem Innern sinnliche Regungen sich geltend machten?" „Das kommt sehr häufig bei uns vor", antworteten sie. „Wenn ich ein einziges Mal in meinem ganzen Leben", entgegnete er, „so etwas wie ihr hätte erleiden mögen, so hätte ich auch nicht geheiratet. Ich habe aber jede solche Regung in meinem Innern, die mich von meinem Zustand ablenken wollte, befriedigt, um Ruhe zu haben und dann wieder zu meiner Beschäftigung zurückzukehren. So blieb mein Herz vierzig Jahre lang vor jeder Sünde bewahrt."[3]

die religiösen Übungen des Fastens und des Gebetsoffiziums unterlassen müssen.

1) und vor dem Schlechten meines Samens. – Im *Qūt II*, 240, 16 aber dem Barā' b. al-'Āzib zugeschrieben.

2) reinige mein Herz und behüte mein Glied.

3) Ein ähnliches Verhalten empfehlen, wie M. bemerkt, die Scheiche des Naqshbandī-Ordens ihren Jüngern, zu denen er selbst gehörte. „Ist jemand mit dem Dhikr oder der Betrachtung beschäftigt und er wird durch den Anblick eines Pferdes, das ihm gefällt, eines Mädchens, das er begehrt, oder durch den Wunsch, ein Kleid zu kaufen, oder durch sonst etwas innerlich beunruhigt, so suche er wo möglich mit Hilfe des Dhikr darüber hinwegzukommen. Gelingt es ihm aber nicht, so soll er, wenn er kann, sein Gelüste schnell befriedigen und dann wieder zu seiner Beschäftigung zurückkehren.

Als jemand die Lebensweise der Ṣūfī tadelte, fragte ihn ein frommer Mann: „Was gefällt dir an ihnen nicht?“ „Sie essen zu viel“, antwortete er. „Wenn du solchen Hunger hättest wie sie“, entgegnete der andere, „würdest du auch so viel essen.“ „Dann heiraten sie zu viel“, fuhr der erste fort. Wenn du deine Augen und deinen Leib so behüten würdest wie sie“, entgegnete der andere, „würdest du in diesem Punkte es ebenso halten.“

Al-Junaid[1] pflegte zu sagen: „Ich brauche geschlechtlichen Verkehr so gut wie ich Nahrung brauche.“ Die Frau ist also eigentlich eine Nahrung und ein Mittel, das Herz rein zu halten. Deshalb gab der Hochgebenedeite die Weisung, daß jeder, der ein fremdes Weib erblickt und Verlangen nach ihr trägt, seiner eigenen Frau beiwohnen solle; auf diese Weise werde er die Versuchung von sich los. Als einmal der hochgebenedeite Prophet ein fremdes Weib erblickte, ging er, wie Jābir [b. ʿAbdallāh al-Anṣārī][2] berichtet, zur Zainab hinein und befriedigte sein Bedürfnis.[3] Als der hochgebenedeite Prophet wieder herauskam, sagte er: „Wenn ein Weib kommt, so ist es, als ob ein Teufel käme. Wenn darum einer von euch ein Weib sieht und es gefällt ihm, so gehe er zu seinem Weibe, denn er wird bei ihr dasselbe finden wie bei jener.“[4]

Auf diese Weise bleibt sein Gemüt frei von ungeordneten Regungen.“ Jedenfalls ein beachtenswerter Beitrag zur Diätetik der Seele!

1) Berühmter Mystiker, gest. 297 (910) in Bagdad. Vgl. *Enzykl. des Islam I*, 1110.

2) In den *Rijāl*-Büchern werden mehrere Träger dieses Namens aufgezählt.

3) d. h. wohnte ihr bei.

4) Die Tradition wird in verschiedener Form überliefert: Diese Verhaltensmaßregel gehört aber, wie M. bemerkt, zur „prophetischen Medizin“ d. h. (vgl. Goldziher, *Die Ẓāhiriten*, S. 83) sie ist nicht obligatorisch, da der Prophet nicht gesandt wurde, hygienische Vorschriften zu geben, sondern die

Der Hochgebenedeite sagt ferner: „Geht nicht zu den *mughībāt* – d. h. zu Frauen, deren Männer abwesend sind – denn der Teufel durchfließt euch wie das Blut."[1] „Auch dich?" fragten wir. „Auch mich", antwortete er, „aber Gott steht mir bei darin, und so bin ich sicher (*aslamu*)." – Sufyān b. ʿUyaina[2] bemerkt dazu: „*'slm* d. h. *'aslamu* (ich bin sicher), nicht etwa *'aslama* (er [der Teufel] bekehrte sich zum Islam), denn der Teufel wird kein Muslim.)"[3]

So wird auch vom gottseligen Ibn ʿUmar, der einer der Asketen und Gelehrten von den „Genossen", war, erzählt, daß er, sobald das Fasten zu Ende war, den Beischlaf vollzog und dann erst aß, manchmal vollzog er ihn sogar noch vor dem Sonnenuntergangsgebet und nahm dann die Waschung vor.[4] Das tat er, um das Herz für den Gottesdienst frei zu machen und um die

Offenbarung zu bringen. Nach den späteren Erklärern, wie Ibn al-ʿArabī zu al-Tirmidhī, ist die Handlungsweise des Propheten nur daraus zu erklären, daß er anderen eine Lehre geben wollte; er selbst war einer solch erniedrigenden Schwäche nicht ausgesetzt, sondern gegen sie immun (*maʿṣūm*). (M.)

1) Oder „mit dem Blute"; *majrā 'l-dam* kann *maṣdar*, *ẓarf* oder *badal* sein. (M.)

2) Ein wegen seiner Gewissenhaftigkeit gerühmter Überlieferer aus Kūfa, gest. 198 (814) in Mekka. Vgl. Ibn Khallikān, übers. von de Slane 1, 578 ff.

3) Vergleiche aber eine unten S. 63 aufgeführte Tradition, nach welcher der Prophet im Gegensatz zu Adam einen *shaiṭān muslim* hatte. Die Stelle ist übrigens für die Vieldeutigkeit arabischer Zeichengruppen charakteristisch.

4) Zum Verständnis dieser Stelle ist zu bemerken, daß das islamische Fasten, das bis Sonnenuntergang dauert, auch geschlechtliche Enthaltsamkeit fordert. Nach Sonnenuntergang ist der Geschlechtsverkehr erlaubt; da er aber unrein macht, so muß die zum Sonnenuntergangsgebet erforderliche rituelle Reinheit durch eine Ganzwaschung (*ghusl*) wiederhergestellt werden. Die Zeit ist also sehr knapp, um so mehr, als die Verzögerung dieses Gebetes streng verpönt war, so daß sein Vater, der Kalife ʿUmar, einmal zur Buße zwei Sklaven freiließ, weil er es erst nach dem Sichtbarwerden eines Sternes verrichtet hatte. (M.)

Versuchung[1] des Teufels zu beseitigen. Es wird auch berichtet, daß er im Monat Ramaḍān vor dem letzten Abendgebet dreien von seinen Sklavinnen beiwohnte.

Ibn ʿAbbas sagt: „Der beste dieser Gemeinde ist der, welcher die meisten Frauen hat.“[2] Da nun die Araber von Natur aus sehr sinnlich veranlagt sind, so pflegten auch die Frommen unter ihnen einen besonders starken Geschlechtsverkehr.[3] Zum Zwecke der Befreiung des Gemütes ist auch die Heirat einer Sklavin erlaubt,[4] wenn sonst Unzucht zu befürchten steht, trotz des Umstandes, daß in diesem Falle die Kinder der Sklaverei verfallen, die eine Art Tod ist. Darum ist eine solche Verbindung auch für denjenigen verboten, der die Mittel besitzt, eine Freie zu heiraten. Aber die Unfreiheit der Kinder ist immerhin noch erträglicher als der Verlust des Seelenheiles (*dīn*).[5] Denn das Kind verliert bloß das zeitliche Leben, das nur eine Weile währt, die Verübung der Unzucht dagegen hat den Verlust des jenseitigen Lebens zur Folge, von dem ein einziger Tag das längste irdische Leben um vieles aufwiegt.[6]

1) Ich lese mit einer von M. angegebenen Variante *ghirra*; R.: *ghudda*. Andere Lesart: *ʿudda*.

2) Auch bei AL-BUKHĀRĪ, *Kitāb al-nikāḥ* nr. 4. Nach einigen Erklärern ist damit Muḥammed gemeint, der neun Frauen besaß. „Dieser Gemeinde“ heiße es, um Salomo auszuschließen, der noch viel mehr hatte. (M.)

3) Den entgegengesetzten Grundsatz befolgen, wie M. bemerkt, die persischen Ṣūfis sowie die des Maghrib.

4) Natürlich nur mit Einwilligung ihres Herrn, dem auch die einer solchen Verbindung entstammenden Kinder gehören. Vgl. Sūra 4, 25.

5) So ist *dīn* hier, wie schon früher, wohl am entsprechendsten wiederzugeben. In anderen Fällen bedeutet das Wort „Gnadenstand“ (status gratiae), „geistliches Leben“ (vita spiritualis) oder allgemein „Verhältnis zu Gott“.

6) Der Gläubige soll aber von zwei Übeln immer das kleinere wählen. (M.)

Es wird erzählt, daß einmal, als die Leute, die an einer Zusammenkunft beim gottseligen Ibn ʿAbbās[1] teilgenommen hatten, auseinandergingen, ein junger Mann sitzen blieb. „Willst du noch etwas?" fragte Ibn ʿAbbās. „Allerdings", antwortete der junge Mann, „ich wollte dich etwas fragen, ich schämte mich jedoch vor den Leuten." „So frage nur!"[2] „Aber jetzt habe ich Furcht und Scheu vor dir." „Der Gelehrte vertritt Vaterstelle", entgegnete Ibn ʿAbbās, „was du deinem Vater anvertrauen würdest, das vertraue auch mir an." Da fuhr jener fort: „Ich bin ein junger Mann und habe keine Frau. Manchmal fürchte ich, ich könnte mich durch Unzucht versündigen, propterea nonnunquam utor manu mea ad effundendum semen; estne hoc peccatum?"[3] „Pfui, pfui", erwiderte Ibn ʿAbbās und wandte sich von ihm ab. „Eine Sklavin zu heiraten ist besser als das, aber es ist immerhin noch besser als Unzucht." Darin liegt ausgedrückt, daß ein Unverheirateter, der von der Sinnlichkeit geplagt wird, zwischen drei Übeln[4] zu wählen hat: das geringste davon ist die Heirat einer Sklavin, wobei freilich die Kinder unfrei werden; schlimmer als das ist die Masturbation[5], am schändlichsten ist aber die Unzucht.

1) Vetter des Propheten, die berühmteste Autorität für alle geistlichen Fragen im alten Islam, besonders für Koranexegese, in Wirklichkeit recht unzuverlässig, gest. 68 (687) in Ṭā'if. Vgl. *Enzykl. des Islam* I, 20 f.

2) Fehlt bei R.

3) Deswegen gebrauche ich gelegentlich die Hand, um zum Samenerguß zu kommen; ist das eine Sünde?

4) So R. (*shurūr*), M. *shurūṭ* (Bedingungen).

5) In der Beurteilung des hier erwähnten Lasters (*al-istimnā', al-istimtāʿ bi-l-kaff, mubāsharat al-yad, al-ḫaḍḫada*, auch *jald* ʿUmaira = *nikāḫ al-yad, al-iʿtimār*, bei den Frauen *al-ilṭāf*) gehen die islamischen Autoritäten (die folgenden Angaben zumeist nach M.) sehr auseinander. Einige sprechen sich äußerst scharf dagegen aus. So sagt Anas b. Mālik: „Verflucht sei, wer solches tut", und eine auf ihn zurückgehende Tradition vom Propheten lautet (al-Ḥarīrī,

Ibn ʿAbbās hat also in seinem Ausspruch keineswegs die beiden ersten als erlaubt hingestellt, vielmehr sind beide verboten, sie kommen höchstens insofern in Betracht, als jemand durch sie bewahrt werden kann, in ein noch größeres Übel zu geraten, so wie man im Notfall auch Verendetes (*maita*)[1)] genießt, um nicht den Hungertod zu sterben. Eine Sache als das kleinere von

Séances, 2me éd., S. 572 Anm.): „Den Masturbator (*nākiḥ al-yad*) wird Gott am jüngsten Tag keines Blickes würdigen ..., er wird als erster in die Hölle wandern, außer wenn er sich bekehrt." Al-Shāfiʿī: „Es ist nicht erlaubt." Saiyidī Aḥmad Zarūq im Kommentar zur *risāla al-Qairawānīya*: „Die Masturbation ist Unzucht und Sodomie (*liwāṭ*). Diese beiden sind aber nach dem consensus communis [allgemeiner Übereinstimmung] verboten." Als Schriftbeweis für die Unerlaubtheit wird angeführt Sūra 70, 29-31: „... Und die ihre Scham hüten, außer in bezug auf ihre Gattinnen oder was ihre Rechte besitzt (d. h. Sklavinnen), denn diese sind nicht zu tadeln; die aber darüber hinaus trachten, das sind Übertreter."

Dagegen meint Aḥmad b. Ḥanbal: „Es ist gleichsam ein Aderlaß (und demgemäß zu beurteilen)." Al-ʿAlāʾ b. Ziyād: „Das hat nichts auf sich, auf unseren Feldzügen machten wir's immer so."

Al-Ḥasan al-Baṣrī: „Non est nisi aqua tua (*māʾ* in sermone arabico tum aquam tum semen virile significat), ergo effunde eam [„Es ist nur dein Wasser (*māʾ* kennzeichnet im arabischen Sprachgebrauch sowohl das Wasser als besonders auch den männlichen Samen), also vergieße es!]" Mujāhid: „Sie (die Altvordern) lehrten es ihren jungen Leuten, damit sie auf diese Weise sich vor der Unzucht bewahrten." Auch al-Daḥḥāk und viele andere halten es für erlaubt, weil sich kein zwingender Beweis für die Unerlaubtheit beibringen lasse. Al-Bilālī erklärt es im *mukhtaṣar al-ikhyāʾ* für eine läßliche Sünde. In einer jüngeren Fatwā-Sammlung heißt es: Wenn es aus sinnlicher Lust geschieht, ist es nicht erlaubt, wenn aber zur Dämpfung der Sinnlichkeit, so hoffen wir, daß es dem Betreffenden nicht als schwere Sünde angerechnet werde."

1) *maita* bezeichnet alles nicht rituell Geschlachtete, entspricht also dem hebr. „Ṭrefah". Das Wesentliche bei der rituellen Schlachtung ist, daß Luftröhre (*mariʾ*) und Speiseröhre (*ḥulqūm*) auf einmal durchschnitten werden.

zwei Übeln zu erklären, bedeutet noch nicht, sie als schlechthin erlaubt hinzustellen, aber auch nicht als schlechthin verboten.[1] So ist auch das Abschneiden einer in Brand übergegangenen Hand keineswegs etwas Gutes, obschon es erlaubt ist, wenn durch sie das Leben bedroht wird.

Das ist also der andere Gesichtspunkt, unter welchem die Ehe ein Vorzug ist; er kommt aber nicht für alle, wenn auch freilich für die meisten in Betracht. Bei manchem ist jedoch infolge von Alter, Krankheit oder dergleichen die Sinnlichkeit[2] nur schwach, für ihn kommt also das hier genannte Motiv in Wegfall, und es gilt für ihn nur der an erster Stelle aufgeführte Gesichtspunkt der Erzielung von Nachkommenschaft. Denn dieser betrifft alle mit Ausnahme der Verstümmelten (*mamsūḥ*), solche sind jedoch selten. Was nun aber besonders sinnliche Naturen anlangt, die nicht durch eine Frau allein befriedigt werden können, so dürfen und sollen diese noch weitere Frauen dazu nehmen bis zu vier.[3] Wenn ein solcher sie lieb haben und gut zu ihnen sein kann[4] und sein Gemüt bei ihnen Befriedigung findet, so ist alles in Ordnung, wenn aber nicht, so ist ihm Abwechslung zu empfehlen. So heiratete der gottselige ʿAlī schon sieben Tage nach dem Tode der gottseligen Fāṭima von neuem.[5] Und von al-Ḥasan,[6] dem

1) In R. ist *ḥaẓr* zu lesen statt *khair*.

2) *al-shahwa* fehlt versehentlich bei M.

3) Der Verfasser des *Qūt* vergleicht (II, 244 f.) die Zahl der Frauen mit der der Temperamente, der vier Arten von Reittieren (Kamel, Pferd, Maultier, Esel) und der Zahl der Hemden, die jemand besitzen kann; II, 259, 14 empfiehlt er aber die Einehe als den goldenen Mittelweg zwischen Ehelosigkeit und Polygamie.

4) R.: „Wenn ihm Gott Liebe und Güte schenkt.“ Vgl. Sūra 30, 21.

5) Zunächst Asmāʾ bint ʿUmais auf Wunsch der verstorbenen Fāṭima, und darnach zahlreiche andere Frauen. (M.)

6) Vgl. *Enzykl. des Islam II*, 290 f.

Sohne des ʿAlī – Gott habe sie beide selig – heißt es, er sei ein Massenheirater (*minkāḥ*)[1] gewesen. Er hatte im ganzen mehr als 200 Frauen; manchmal heiratete er vier auf einmal und manchmal entließ er vier zu gleicher Zeit und nahm andere dafür. Und von diesem Ḥasan sagte der Hochgebenedeite: „Er ist mein Abbild nach Gestalt (*khalq*) und Sinnesart (*khulq*)“[2], ferner: „Ḥasan ist von mir und Ḥusain von ʿAlī.“[3] Es meinen darum manche, das viele Heiraten sei einer der Charakterzüge gewesen, worin er dem hochgebenedeiten Gottgesandten geglichen habe. Al-Mughīra b. Shuʿba[4] heiratete achtzig Frauen. Solcher, die drei oder vier Frauen hatten, gab es unter den gottseligen „Genossen“ viele, und solcher, die wenigstens zwei Frauen hatten, unzählige.

Wo immer der Erreger eines Übels bekannt ist, muß die Behandlung ihm dementsprechend angepaßt sein. Da es sich nun in unserem Falle um die Dämpfung der Sinnlichkeit handelt, so ist nach ihr auch die größere oder geringere Anzahl der Frauen zu bemessen.

3. Ausspannung und Erholung.

Der dritte Vorteil liegt in der geistigen Ausspannung und Erholung, indem man beieinander sitzt, sich ansieht und zusammen spielt, um den Geist ausruhen zu lassen und für den Dienst Gottes

1) So R; M. *nakkāḥ*.

2) Dasselbe wird erzählt von Jaʿfar b. Abī Ṭālib; AL-BUKHĀRĪ, *kitab al-ṣulḥ* nr. 6.

3) Nach einem anderen Bericht glich Ḥasan dem Propheten in der oberen Körperhälfte (bis zum Nabel), Ḥusain dagegen in der unteren Hälfte. (M.)

4) Gest. 49 (669) als Amīr von Kūfa, berühmt durch seine Fähigkeit, in jeder Sache einen Ausweg zu finden, weshalb er geradezu *Mughīrat al-raʾy* genannt wurde.

zu kräftigen. Denn die Seele wird leicht der pflichtmäßigen Arbeit überdrüssig und läßt sie liegen, weil das ihrer Natur zuwider ist; nötigt man sie aber auf die Dauer zu etwas, dem sie widerstrebt, so wird sie störrisch und versagt ganz;[1] gönnt man ihr dagegen von Zeit zu Zeit ein Vergnügen, so wird sie wieder kräftig und munter. Eine solche Erholung bietet aber der weibliche Umgang, der den Unmut verscheucht und den Geist ausruhen läßt. Andererseits hat aber gerade die Natur der Gottesfürchtigen eine erlaubte Erholung nötig. Darum sagt Gott d. A. (Sūra 7, 189): „Daß er bei ihr (der Frau) ruhe", und der gottselige ʿAlī: „Gönnt dem Geiste eine Weile Ruhe; wenn man ihn überbürdet, so wird er stumpf.[2]

In einer Tradition heißt es: „Für den Verständigen gibt es drei Zeiten: eine, in der er mit seinem Herrn verkehrt, eine, in der er sich selbst Rechenschaft ablegt, und eine, die er dem Essen und Trinken widmet; diese letztere soll ihm nämlich eine Hilfe sein für die beiden ersten." Und in einem ähnlichen Sinne heißt es: „Der Verständige geht nur auf drei Dinge aus:[3] Wegzehrung fürs Jenseits zu erwerben, seine Lage im Leben zu verbessern oder ein erlaubtes Vergnügen zu genießen."

Der Hochgebenedeite sagt: „Jeder, der sich betätigt,[4] zeigt zuerst Eifer (*shirra*), und jedem Eifer folgt Erschlaffung (*fatra*). Wer meine Sunna bis zur Erschlaffung befolgt, der ist auf dem rechten Wege.[5]" – *shirra* bedeutet Eifer und kräftige Anstrengung, wie

1) Wörtlich „geht rückwärts".
2) *Islamische Ethik I*, 43, Anm. 4.
3) So R. *ṭāmiʿan*, M. *ẓāʿinan* „macht sich auf den Weg".
4) *ʿāmil*, Var. *ʿamal* „Betätigung".
5) Variante: *aflaḥa* „der hat gewonnen".

sie bei den Anfängern im geistlichen Leben sich zeigen; *fatra* ist das Nachlassen und Ausruhen.

Abū 'l-Dardā pflegte zu sagen: „Ich gönne mir manchmal eine kleine Zerstreuung, um Kräfte zu sammeln für meine spätere Arbeit."

Nach einer Tradition soll der hochgebenedeite Gottgesandte gesagt haben: „Ich klagte einmal Gabriel, dem Gebenedeiten, meine geringe potentia virilis, da[1] wies er mich auf die *harīsa*[2] hin." Wenn diese Überlieferung richtig ist, so kann sie nur so verstanden werden, daß dem Propheten auf diese Weise die Möglichkeit gegeben werden sollte, sich zu erholen; an die Dämpfung der libido[3] ist hier nicht zu denken, denn diese wird ja durch jenes Mittel gerade erregt. Wenn nämlich die libido fehlt, fehlt auch zum größten Teil die oben angedeutete Befriedigung.

Der Hochgebenedeite sagt: „Drei Dinge von eurer Welt sind mir liebenswert gemacht:[4] die Frauen[5] und die Wohlgerüche, und meine Hauptfreude[6] ist das Gebetsoffizium."

Auch das ist ein Nutzen, den niemand verkennen wird, der erfahren hat, wie sehr der Geist durch Meditation, Dhikr-Übungen und andere solche Beschäftigungen abgespannt wird. Dieser Nutzen geht über den an erster und zweiter Stelle genannten hinaus,

1) Manneskraft. – In einer Überlieferung noch der Zusatz: „Da lachte Gabriel, daß vom Glanze seiner Zähne der Sitz des Propheten erstrahlte. (M.)
2) Von *harasa* „zerstoßen, zerquetschen", also ein Gericht aus geschrotetem Korn.
3) Begierde.
4) Die Passivform ist nach al-Ṭaiyibī gebraucht, um anzudeuten, daß diese Liebhabereien nicht von Haus aus in seiner Natur lagen, sondern im Interesse der Menschen ihm eingepflanzt wurden. (M.)
5) Bei R. steht „die Wohlgerüche" an erster Stelle.
6) Wörtlich „Kühlung meines Auges" d. h. Erquickung.

so daß er sogar für den Verstümmelten und Empfindungslosen (cui deest membrum vel libido)[1] in Betracht kommt. Er macht aber das Heiraten nur im Hinblick auf diese Intention zu einer Tugendhandlung, und es gibt nur wenige, die aus dieser Absicht heiraten, die meisten bezwecken vielmehr die Erzielung von Nachkommenschaft oder die Befriedigung der Sinnlichkeit u. dergl. Es gibt ferner auch solche, die am Anblick fließenden Wassers, am Grün der Natur und ähnlichem Wohlgefallen finden und keiner weiblichen Unterhaltung und Liebkosung zur Erholung bedürfen; das ist je nach den Verhältnissen und Personen verschieden, diese sind daher zu berücksichtigen.

4. Besorgung des Haushaltes durch die Frau.

Der vierte Nutzen der Ehe besteht darin, daß sie den Mann von den häuslichen Sorgen befreit, so daß er sich nicht abzugeben braucht mit Beschäftigungen wie zu kochen, zu kehren, das Bett zu machen, die Gefäße zu reinigen und sonst alles instand zu halten. Denn wenn jemand auch kein Bedürfnis nach geschlechtlichem Verkehr hat, ist es für ihn doch schwer, zu Hause allein auszukommen. Wenn er mit all den häuslichen Geschäften sich abgeben soll, so geht ihm dadurch der größte Teil seiner Zeit verloren und er kommt nicht zum Studieren und zum Arbeiten. Eine tüchtige Frau, die das Haus in Ordnung hält,[2] ist also in diesem Sinne eine Hilfe für die Religion, während die verschiedenartigen Geschäfte den Geist ablenken und beunruhigen und das Leben zur Qual machen. Deshalb sagt der gottselige Abū Salaimān al-Dārānī:

1) (dem das Glied fehlt oder die Begierde).
2) *muṣliḥa* fehlt bei M.

„Eine rechtschaffene Frau ist keineswegs etwas Weltliches, denn sie macht dich frei für das Überweltliche." Und zwar bewirkt sie das einmal, indem sie den Haushalt besorgt, und zweitens, indem sie die Sinnlichkeit befriedigt.

Nach der Ansicht des Muḥammed b. Ka'b al-Qurṭubī[1] ist in dem Gotteswort (Sūra 2, 201): „Gib uns, o Herr, hienieden Gutes" eine rechtschaffene Frau gemeint.

Der Hochgebenedeite sagt: „Jeder von euch habe ein dankbares Herz, eine lobpreisende Zunge und eine gläubige rechtschaffene Frau, die ihm für das Jenseits eine Hilfe ist." Man beachte, daß er die Frau mit dem Danken und Lobpreisen zusammen nennt. Auch das Gotteswort (Sūra 16, 97). „Wir wollen ihn leben lassen ein angenehmes Leben" wird von manchen Erklärern auf die rechtschaffene Frau gedeutet.

Der gottselige 'Umar b. al-Khaṭṭāb sagt: „Das Beste, was einem Menschen nach dem Glauben an Gott zuteil werden kann, ist eine rechtschaffene Frau. Manche ist ein Geschenk[2], wie man kein zweites erlangt (*lā yuḥdhā*)[3], und manche ein Joch, aus dem es keine Erlösung gibt (*lā yufdā*)." – *lā yuḥdhā* bedeutet: „das durch nichts aufgewogen werden kann."

Der Hochgebenedeite sagt: „Zwei Dinge habe ich vor Adam dem Gebenedeiten voraus: Sein Weib verleitete ihn zur Sünde, die meinigen sind mir eine Hilfe für gute Handlungen; sein Genius[4] war ungläubig, der meinige ist gläubig (*muslim*) und regt

1) Einer der „Nachfolger" der „Genossen" des Propheten.

2) Wörtlich „eine Beute".

3) R. wohl irrig *yujdā*.

4) „Schutzgeist". – *shaiṭān* (Satan) wird also hier, wie es scheint, als vox media [neutrale Formel, in neutralem Sinne] gebraucht: *δαίμων*. Die Tradition wird aber auch in folgender Form überliefert: „Mein Shaiṭān war ungläubig, aber Gott half mir gegen ihn, so daß er gläubig wurde (*aslama*)." (M.) Vgl. ob. S. 54.

nur Gutes an.“ Er betrachtet also die Beihilfe der Frau zu einer guten Handlung als einen Vorzug.

Auch das ist also ein Nutzen, auf den die Intention eines frommen Mannes gehen kann. Er kommt aber nur für solche in Betracht, welche niemanden haben, der für sie sorgt und den Haushalt führt. Auch verlangt dieser Nutzen keine Mehrheit von Frauen, sondern diese vergällt oft nur das Leben und bringt das Hauswesen in Unordnung.

Hierher[1] gehört auch das Bestreben, durch die Familie der Frau und durch den aus verwandtschaftlichen Beziehungen sich ergebenden Machtzuwachs Vorteil zu erlangen. Denn diese Dinge braucht man, um die Übel abzuwehren und in Sicherheit zu leben. Darum heißt es: „Verachtet ist, wer keinen Helfer hat.“ Wer hingegen jemanden hat, der von ihm die Übel abwehrt, der lebt in Sicherheit, und sein Herz ist frei für den Dienst Gottes. Die gedrückte Lage beunruhigt das Herz, durch zahlreiche und angesehene Beziehungen wird sie aber beseitigt.

5. Die mit der Sorge für andere verbundene Selbstüberwindung.

Der fünfte Nutzen besteht in der Aufopferung und Selbstüberwindung, welche mit der Obhut und Fürsorge für die Frauen verbunden ist, da es gilt, ihre Sinnesart zu ertragen, sich von ihnen manches bieten zu lassen, sie zum Guten anzuhalten und den Weg der Religion zu führen, in erlaubter Weise den Unterhalt für sie zu beschaffen und die Kinder ordentlich zu erziehen. Alle diese Betätigungen sind höchst verdienstvoll, denn sie sind eine Hütung (*riʿāya*) und Fürsorge, da Frau und Kinder gewis-

1) Vgl. oben S. 35 Anm. 1.

sermaßen eine Herde darstellen; das Verdienst der Hirtenschaft ist aber gewaltig groß, und wer dieses Amt ablehnt, der tut es nur aus Furcht, seinen Anforderungen nicht gewachsen zu sein. Sagt doch der Hochgebenedeite: „Ein Tag eines rechtschaffenen Fürsorgers ist mehr wert als siebzig Jahre Gottesdienst.“ Ferner sagt er: „Ist nicht jeder von euch ein Hirte und jeder von euch für seine Herde verantwortlich?“ [1] Wer an sich selbst und zugleich an anderen arbeitet, steht offenbar viel höher als wer nur an sich selbst arbeitet, und wer Ungemach erträgt, steht höher als wer sich's wohl sein läßt. Es mit Frau und Kindern auszuhalten gilt aber eben so viel, wie im heiligen Krieg zu kämpfen. Darum sagt Bishr [al-Ḥārith]: „Aḥmad b. Ḥanbal ist mir in drei Dingen über: Erstens, er sucht erlaubten Erwerb nicht nur für sich selbst, sondern auch für andere ...“ Und der Hochgebenedeite: „Was einer für seine Frau[2] ausgibt, das gilt als Almosen, und der Mann wird für jeden Bissen belohnt, den er seiner Frau in den Mund steckt.“

Als jemand zu einem Gelehrten sagte[3]: „Gott hat mir von jedem Werk einen Anteil gegeben“, und dabei speziell die Wallfahrt, den heiligen Krieg usw. nannte, da entgegnete der Gelehrte: „Wie weit bist du noch entfernt vom Werke der Abdāl!“[4] „Worin besteht dieses?“ fragte er. „Im erlaubten Erwerb“, antwortete dieser, „und in der Unterhaltung der Familie.“

1) AL-BUKHĀRĪ, *Kitāb al-nikāḥ* nr. 8 u. 90.

2) Das arab. *ahl* bedeutet (wie späthebr. בית) bald „Haus, Familie“, bald speziell „Hausfrau“ (man vergleiche unser „Frauenzimmer“). In Fällen wie dem obigen kann es in dem einen oder in dem andern Sinne genommen werden. So öfters auch im folgenden.

3) M.: „als ein Gelehrter sagte“.

4) Vgl. *Isl. Ethik I*, 51 Anm. 4.

Ibn al-Mubārak fragte einmal, als er sich mit seinen Brüdern auf einem Feldzug befand: „Kennt ihr ein besseres Werk als das, mit dem wir jetzt beschäftigt sind?" „Wir kennen keines", antworteten sie. „Aber ich kenne eines", erwiderte er. „Was für eines?" fragten sie. Ein armer ehrsamer[1] Familienvater", fuhr er fort, „stand einmal in der Nacht auf, und als er seine Kinder ohne Decke schlafen sah, nahm er sein Kleid und deckte sie damit zu. Diese Handlung ist mehr wert als unser gegenwärtiges Tun."

Der Hochgebenedeite sagt: „Wer sein Gebet ordentlich verrichtet, bei geringem Vermögen eine zahlreiche Familie hat und von seinen Mitmenschen[2] nichts Schlechtes redet, der wird mit mir im Paradies sein, wie diese beiden."[3]

In einer anderen Tradition heißt es: „Gott d. A. liebt den verschämten (*muta'affif*) Armen, der eine Familie zu ernähren hat."

In einer anderen heißt es: „Hat ein Mensch viele Sünden begangen, so prüft ihn Gott mit Familiensorgen,[4] damit er sie auf diese Weise sühne." Auch einer der Altvorderen sagt: „Es gibt Sünden, die nur durch Familiensorgen gesühnt werden können." Auch vom hochgebenedeiten Gottgesandten wird überliefert, daß er gesagt habe: „Es gibt Sünden, die nur gesühnt werden durch die Sorge um Beschaffung des Lebensunterhaltes.[4]

Der Hochgebenedeite sagt ferner: „Wenn einer drei Töchter hat und für sie gehörig sorgt, bis daß sie ihn mit Gottes Hilfe nicht mehr brauchen, so verleiht ihm Gott das Paradies unbedingt, unbedingt [sic]; es sei denn, daß er ein Verbrechen beginge, für das es keine Verzeihung gibt." Wenn der gottselige Ibn 'Abbās diese

1) *muta'affif* „der sich (zu betteln) scheut, ein verschämter Armer".

2) Wörtlich „von den Muslimen", vgl. *Isl. Ethik I*, 73 Anm. 1.

3) Der Prophet meint wohl seine beiden Hände.

4) Variante: „mit dem Schweiß der Stirne".

Tradition erzählte, pflegte er beizufügen: „Eine merkwürdige und rätselhafte Tradition fürwahr."

Von einem Frommen wird erzählt, daß er in trefflicher Weise für seine Frau sorgte, bis sie starb. Als man ihm dann nahelegte, sich wieder zu verheiraten, ging er nicht darauf ein, sondern meinte: „Das Alleinsein wird meinem Gemüt größere Ruhe und meinem Streben mehr Sammlung geben." „Da hatte ich eine Woche nach ihrem Tode", erzählt der Mann selbst weiter, „einen Traum. Ich sah die Tore des Himmels geöffnet, und es war, als stiegen Männer herab, durch die Luft schwebend, einer hinter dem andern, und jeder, der herabstieg, sah mich an und sagte zu seinem Hintermann: ‚Das ist der Unglückselige', und dieser antwortete: ‚Jawohl.' Der dritte wiederholte die Worte des ersten, und der vierte sagte wieder: ‚Jawohl.' Ich wagte es nicht, sie zu fragen, aus Furcht vor diesen Worten; da kam als letzter ein junger Mann, und ihn rief ich an: ‚Du da, wer ist dieser Unglückselige, den ihr meint?' ‚Du', antwortete er. ‚Wieso das?' fragte ich. ‚Wir brachten deine Werke', antwortete er, ‚hinauf vor Gott, zusammen mit denen der Kämpfer im heiligen Krieg, seit einer Woche aber haben wir den Auftrag, sie bei denen zu lassen, die sich vom Dienste drücken. Wir wissen nun nicht, was du verbrochen hast.'" Da rief der Mann seinen Brüdern zu: „Gebt mir eine Frau!" Und von da ab hatte er immer zwei oder drei Frauen.

In den Erzählungen von den gebenedeiten Propheten heißt es, daß einmal zu Jonas dem Gebenedeiten Leute kamen, die er bewirtete. Er ging im Hause auf und ab, während seine Frau ihn beschimpfte und als Herrin sich gebärdete; er aber redete kein Wort. Als seine Gäste sich darüber wunderten, sagte er: „Wundert euch nicht. Ich habe nämlich Gott d. A. gebeten, die für mich im Jenseits bestimmten Strafen mich hinieden schon abbüßen zu lassen. Da hat mir Gott geantwortet: ‚Die Tochter von dem und dem soll deine Strafe sein, und du sollst sie heiraten.' Ich heiratete sie auch und muß nun von ihr leiden, was ihr seht."

In der Ertragung solcher Dinge liegt eine Bekämpfung der sinnlichen Natur, eine Überwindung der Ungeduld und eine Läuterung des Charakters. Wer nur für sich lebt oder nur mit solchen verkehrt, die einen guten Charakter haben, bei dem wird die innere Schlechtigkeit nicht zum Vorschein kommen und die inneren Fehler werden sich nicht zeigen. Darum muß jeder, der nach höherer Vollkommenheit strebt (*sālik ṭarīq al-ākhira*), sich dadurch prüfen, daß er solchen Anfechtungen sich aussetzt und sich daran gewöhnt, sie zu ertragen, damit sein Charakter sich veredle, seine Sinnlichkeit gebändigt und er von den tadelswerten inneren Eigenschaften frei werde. Die Mühe mit der Familie ist also einmal eine Abtötung und Selbstüberwindung, sodann eine Fürsorge und Pflege für die Angehörigen und schließlich in sich selbst ein gottgefälliges Werk.

Auch dies ist also ein Nutzen des Heiratens, er kommt aber nur für zwei Arten von Menschen in Betracht. Erstens für denjenigen, der die Selbstüberwindung, Abtötung und Läuterung des Charakters deshalb anstrebt, weil er noch im Anfangsstadium begriffen ist. Ein solcher kann recht wohl die Ehe als ein Mittel betrachten, sich selbst zu überwinden und seine Sinnlichkeit abzutöten. Zweitens für einen solchen Gottesdiener, der kein innerliches Leben führt und keinen Antrieb zur Meditation und Selbsteinkehr verspürt, sondern lediglich mit den Werken der Glieder, wie Gebetsoffizium, Wallfahrt und dergleichen sich abgibt. Bei einem solchen ist die Arbeit für Frau und Kind und die Sorge für ihre Erziehung besser als jene religiösen Übungen, die sich auf ihn selbst beschränken und deren Gutes nicht auf andere übergeht. – Ein Mann von geläutertem Charakter hingegen, sei es, daß ihm dieser ohne sein Zutun schon von Natur eigen ist oder daß er ihn durch vorausgehenden geistlichen Kampf erworben hat, der ein innerliches Leben führt und den Antrieb fühlt, in sich zu gehen und mit den Wissenschaften der Mystik sich zu befassen, ein solcher braucht nicht zu diesem Zwecke zu heiraten; denn er hat ein solches Erziehungsmittel nicht mehr nötig. Und was das in der Arbeit für den Unterhalt bestehende gottgefällige Wirken angeht, so ist die Wissenschaft noch besser als dieses; denn auch sie ist eine Arbeit, und ihr Nutzen ist umfassender und erstreckt sich auf mehr Menschen als der Nutzen des Unterhalts einer Familie.

Das also sind die geistlichen Vorteile des Heiratens, um derentwillen es als eine Tugendhandlung (*faḍīla*) betrachtet wird.

IV. Die Nachteile des Heiratens.

Es sind ihrer drei.

1. Die Schwierigkeit der rechtmäßigen Beschaffung des Unterhaltes.

Der erste und stärkste Nachteil ist die große Schwierigkeit, in erlaubter Weise den Unterhalt zu beschaffen. Nicht jedem gelingt das, besonders in unseren Zeiten, wo die Lebensverhältnisse so schwierig sind. Da wird die Heirat leicht die Ursache, den Unterhalt auf alle mögliche Weise beschaffen zu wollen, auch auf verbotene, und darin liegt das Verderben für den Mann und für seine Familie. Der Unverheiratete ist dieser Gefahr enthoben, aber der Verheiratete gerät meistenteils auf schlechte Wege; er will seiner Frau zu Willen sein und gibt dabei seine Seligkeit für das Diesseits dahin.

In einer Tradition heißt es: Ein Mensch wird auf die Waage gesetzt, und er hat gute Werke wie Berge so groß. Nun soll er Rechenschaft darüber ablegen, wie er seine Familie „gehütet" und für sie gesorgt, ferner über sein Vermögen, wie er es erworben und wozu er es verwendet. Da schwinden infolge dieser Forderungen all seine guten Werke dahin, ohne daß auch nur ein einziges übrigbliebe, und die Engel rufen: „Das ist der, dessen gute Werke seine Familie im Diesseits aufgezehrt hat, und er wurde heute zur Rechenschaft gezogen für seine Taten."[1)]

Es heißt ferner: Die ersten, die sich am jüngsten Tage an den Menschen heranmachen, sind Frau und Kinder. Sie fordern ihn vor Gottes Richterstuhl und sprechen: „Gib uns, o Herr, von ihm, was uns gebührt; er hat uns ganz in Unkenntnis gelassen. Er speiste uns mit unrechtmäßig erworbenem Gut, ohne daß wir es wußten." Da schneidet er (Gott) von ihm ab für sie.

Einer der Altvordern sagt: „Wenn Gott jemandem übel will, so läßt er hienieden Eckzähne über ihn kommen, die auf ihn beißen"; er meinte damit die Familie.

Der Hochgebenedeite sagt: „Niemand erscheint vor Gott mit einer größern Sünde als wer seine Familie in Unkenntnis läßt."[2)]

Dieses Übel ist allgemein verbreitet; nur derjenige kann ihm entgehen, der so viel ererbtes oder rechtmäßig erworbenes Vermögen besitzt, daß es für ihn und seine Familie ausreicht, und der dabei so genügsam ist, daß er nicht auf Vermehrung desselben ausgeht – denn ein solcher ist diesem Übel nicht ausgesetzt – oder der ein Gewerbe betreibt und imstande ist, auf erlaubte Weise durch Jägerei oder Sammeln von Holz seinen Unterhalt zu erwer-

1) So Herr Prof. Fischer unter Hinweis auf Sūra 52, 21 u. 74, 41. Oder sollte *urtuhina* hier eine speziellere Bedeutung haben? Vgl. auch *Isl. Ethik I*, 33.

2) Über die unredliche Weise nämlich, auf der er den Unterhalt für sie erwirbt.

ben, oder der eine solche Beschäftigung ausübt, bei der er nicht mit Machthabern zu tun, sondern mit braven Leuten zu verhandeln hat, die den Eindruck der Zuverlässigkeit machen und deren Vermögen in der Hauptsache rechtmäßig erworben ist.

Als Ibn Sālim [al-Baṣrī][1] betreffs des Heiratens gefragt wurde, antwortete er: „Es ist in unserer Zeit nur für denjenigen das Bessere, der vom Geschlechtstrieb derart übermannt wird wie ein Esel, welcher, wenn er die Eselin sieht[2], non desistit a coeundo cum ea neque se continere potest.[3] Wenn er aber sich enthalten kann, so ist es besser für ihn, das Heiraten zu unterlassen."

2. Schwierigkeit der sonstigen Verpflichtungen.

Der zweite Schaden ist die Schwierigkeit, den Pflichten gegen die Frauen nachzukommen, ihren Charakter zu ertragen und ihre Quälereien auszuhalten. Dieser Schaden ist jedoch im allgemeinen geringer als der erste, da den Anforderungen in dieser Hinsicht leichter nachzukommen ist als im ersten Falle. Denn sich gegen die Frauen ordentlich zu benehmen und die Pflichten[4] gegen sie zu erfüllen ist eher möglich als die erlaubte Beschaffung des Unterhaltes. Immerhin liegt auch hierin eine Gefahr, denn der Gatte „ist ein Hirte und für seine Herde verantwortlich". Darum sagt der Hochgebenedeite: „Schwer sündigt der Mann, der seine Pflegebefohlenen vernachlässigt."

1) Genosse des Sahl al-Tustarī. (M.)
2) M. und *Qūt* haben noch: insilit in eam [sie bespringt], *ḥattā yaḍribu ra'sahu* (richtig?).
3) der nicht vom Geschlechtsverkehr mit ihr abläßt und sich nicht zügeln kann.
4) Var. *ḥuẓūẓihinna* „was sie gern haben".

Ferner heißt es in einer Tradition, daß jemand, der seine Familie im Stiche läßt, einem flüchtigen Sklaven gleichzuachten ist; weder Gebet noch Fasten wird von ihm angenommen, bevor er zu seiner Familie zurückkehrt. Wer aber die Pflichten gegen sie vernachlässigt, der gilt, auch wenn er gegenwärtig ist, als Flüchtling. Darum sagt Gott d. A.: „Hütet euch und eure Familie vor dem Höllenfeuer." Er befiehlt uns also, sie ebenso vor der Hölle zu bewahren, wie wir uns selbst bewahren. Nun ist aber der Mensch manchmal nicht imstande, die Pflichten gegen sich selbst zu erfüllen. Mit seiner Verheiratung werden aber seine Pflichten vervielfältigt, zu seiner eigenen Seele kommt noch eine andere. „Die Seele ist aber eine Verführerin zum Bösen" (Sūra 12, 53), und wenn es mehr werden, mehrt sich meistenteils auch die Verführung. Darum entschuldigte jemand seine Ehelosigkeit damit, daß er sagte: „Ich habe Plage genug an meiner eigenen Seele, warum soll ich noch eine andere hinzufügen, wie es im Verse heißt:

Die Maus hat in ihrem Loch nicht Platz
und hängt sich noch hinten einen Besen an."

Denselben Entschuldigungsgrund führte Ibrāhīm b. Adham an, indem er sagte: „Ich möchte einer Frau mit mir keine Enttäuschung bereiten und ich meinerseits habe die Frauen nicht nötig – er meinte die Erfüllung der allgemeinen und dann der ehelichen Pflichten gegen sie, so daß sie Befriedigung empfinden – und ich vermag das nicht."

Desgleichen Bishr, welcher sagte: „Was mich vom Heiraten abhält ist das Gotteswort (Sūra 2, 228). ‚Sie haben Rechte, wie sie Pflichten haben'." Von ihm stammt auch der Ausspruch: „Wenn ich eine Henne zu unterhalten hätte, so würde ich fürchten, ein Henker auf der Brücke zu werden."[1]

1) Gemeint ist wohl: sogar das Handwerk eines Henkers auszuüben.

Als man einmal Sufyān b. ʿUyaina am Tore des Herrschers sah, fragte man ihn: „Wie kommst du hierher?" „Hast du je einen Familienvater gesehen", erwiderte er, „der ohne Sorgen gewesen wäre?" Er pflegte auch zu sagen:

„Wohl dem Ehelosen, der einen Hausschlüssel führt,[1]
mögen seine Wohnung auch die Winde umtoben,
es gibt doch keinen Lärm darin und kein Geschrei."

Auch dieser Schaden ist ganz allgemein, wenn auch nicht in dem Maße wie der erste. Sicher vor ihm ist nur der Weise, Verständige und Wohlgesittete, der mit den Eigenarten der Frauen vertraut ist, der ihre Zunge ertragen kann, der ihren Begierden nicht nachgibt, aber darauf aus ist, ihnen ihr Recht zu geben, der über ihre Fehltritte hinwegsieht und ihren Charakter verständig zu behandeln weiß. Die meisten Menschen sind aber dumm und roh, jähzornig, leichtsinnig, von schlechtem Charakter, ungerecht, verlangen aber dabei von anderen die volle Gerechtigkeit. Solche werden ohne Zweifel in dieser Hinsicht durch die Ehe nur schlimmer werden. Für sie ist es daher besser, ledig zu bleiben.

3. Die Gefahr, von religiösen Dingen abgezogen zu werden.

Der dritte Schaden – er ist geringer als der erste und zweite – liegt darin, daß der Mann durch Frau und Kind von Gott d. A. abgelenkt und zu weltlichen Bestrebungen hingezogen wird. Er will seinen Kindern ein gutes Auskommen schaffen, dadurch daß er ein großes Vermögen zusammenbringt und für sie aufspart, und er will mit ihnen Staat machen und großtun. Aber alles, was von Gott ablenkt, sei es Frau oder Geld oder Kinder, ist für den

1) d. h. der eine eigene Wohnung hat.

betreffenden ein Unheil. Ich meine damit nicht, daß es ihn zu etwas Ungesetzlichem verleite, denn das gehört in die beiden zuerst aufgeführten Kategorien, sondern ich meine, daß es ihn dazu verführt, in dem Erlaubten seine volle Befriedigung zu suchen, so daß er ganz im Spielen und Tändeln mit Weibern aufgeht und der Belustigung mit ihnen sich allzu sehr hingibt. So erwächst aus dem Verheiratetsein eine ganze Reihe von derartigen Ablenkungen, die das Herz vollständig ausfüllen und den Mann Tag und Nacht in Anspruch nehmen, so daß er in keinem von beiden Zeit findet, ans Jenseits zu denken und darauf sich vorzubereiten. Deshalb sagt der gottselige Ibrāhīm b. Adham: „Qui assuevit femoribus mulierum, von dem ist nichts zu erwarten;“[1] und Abū Sulaimān: „Wer sich verheiratet, der gravitiert nach der Welt hin“, d. h. dieser Umstand veranlaßt ihn dazu, nach der Welt hin zu gravitieren.

[V. Endergebnis.]

Damit haben wir die hauptsächlichsten Vorteile und Nachteile des Heiratens aufgezählt. Es hieße aber diese Dinge schlecht verstehen, wollte man von einer einzelnen Person ohne weiteres behaupten, daß für sie das Heiraten oder das Ledigbleiben absolut das Bessere sei. Vielmehr sollen die aufgezählten Vorteile und Nachteile als Maßstab und Prüfstein dienen, die der Kandidat des geistlichen Lebens sich gegenüber anwendet. Fallen für ihn die

1) „Wer sich an die Schenkel der Frauen gewöhnt hat“. – Ein ähnlicher von M. angeführter Spruch lautet: „Inter femora mulierum scientia necatur [Zwischen den Schenkeln der Frauen wird die Wissenschaft geboren.].“

Nachteile weg und treffen betreffs seiner die Vorteile zu, weil er ein rechtmäßig erworbenes Vermögen und einen guten Charakter besitzt und es ihm mit der Religion so vollkommen ernst ist, daß ihn das Heiraten nicht von Gott d. A. ablenkt, und ist er überdies ein junger Mann, der seine Sinnlichkeit beruhigen muß, und dazu alleinstehend, so daß er jemanden zur Führung des Haushaltes braucht und den Schutz einer Verwandtschaft nötig hat, so kann kein Zweifel herrschen, daß für ihn das Heiraten das Bessere ist, ganz abgesehen von dem Bestreben, Nachkommenschaft zu erzielen. Fallen dagegen umgekehrt für jemanden die Vorteile weg und treffen die Nachteile zu, so ist für einen solchen das Ledigbleiben das Bessere.

Stehen aber, was gewöhnlich der Fall sein wird, Vorteile und Nachteile einander gegenüber, so muß einer mit richtiger Waage die einen gegen die anderen abwiegen, um zu sehen, wie viel sein Seelenheil dadurch gefördert wird und wie viel er darin Einbuße erleidet. Gewinnt er so den Eindruck, daß eine Seite das Übergewicht hat, so wird in diesem Sinne entschieden. Der Hauptvorteil bleibt immer die Erlangung von Nachkommenschaft und die Beruhigung der Sinnlichkeit, der Hauptnachteil aber die Gefahr, den Unterhalt auf unerlaubte Weise beschaffen zu müssen und von Gott d. A. abgelenkt zu werden. Gesetzt also, diese beiden stehen einander gegenüber, so gilt unserer Meinung nach folgendes:

a) Wenn jemand von seiten der Sinnlichkeit keine Schädigung zu befürchten hat, und wenn auf der einen Seite der Vorteil steht, durch die Ehe Nachkommenschaft zu erlangen, und auf der anderen der Nachteil, in unerlaubter Weise den Unterhalt beschaffen zu müssen und von Gott d. A. abgelenkt zu werden, so ist das Ledigbleiben für einen solchen das Bessere. Denn was von Gott ablenkt und unrechtmäßigen Erwerb zur Folge hat, ist nichts Gutes, und diese beiden Übel werden durch die Aussicht auf Erzielung von Nachkommenschaft nicht aufgewogen. Denn das Heiraten zur Erzielung von Nachkommenschaft bezweckt ein Leben für ein Kind, das zunächst nur in der Vorstellung vorhanden ist (*mauhūm*), der Schaden für das Seelenheil ist dagegen ein tatsächlicher. Auf sein eigenes Leben acht zu haben und es vor dem Verderben zu bewahren, ist aber wichtiger als die Erzielung von Nachkommenschaft. Diese letztere ist ein Gewinn, das Seelenheil dagegen das Kapital. Die Vernachlässigung des Seelenheiles ist aber gleichbedeutend mit dem Verlust des jenseitigen Lebens, also dem Untergang des Kapitals. Somit wiegt dieser Vorteil auch nicht einen der genannten beiden Nachteile auf.

b) Kommt aber zu dem einen Moment, der Abzielung auf Nachkommenschaft, noch die Notwendigkeit der Befriedigung der Sinnlichkeit, weil die Natur darnach verlangt, so ist zu unterscheiden:

1. Wenn der Zügel der Gottesfurcht bei dem Betreffenden nicht stark genug ist und er für sich fürchten muß, in Unzucht zu geraten, so ist das Heiraten für ihn besser. Ein solcher ist nämlich zwei Dingen ausgesetzt, entweder Unzucht zu begehen oder auf unerlaubte Weise sein Brot zu verdienen. Von diesen beiden ist aber das letztere das kleinere Übel.

2. Weiß er aber mit Bestimmtheit, daß er keine Unzucht begehen wird, daß er sich jedoch der unerlaubten sinnlichen Blicke nicht enthalten kann, so ist es besser für ihn, das Heiraten zu unterlassen. Denn der unlautere Blick ist zwar ebenso verboten wie der unrechtmäßige Erwerb, aber der letztere wiederholt sich fortwährend und ist nicht nur eine Sünde für ihn, sondern auch für seine Familie; der unlautere Blick hingegen kommt nur hin und wieder vor und er betrifft nur ihn allein, auch währt er nur kurze Weile. Der unlautere Blick ist freilich eine „Unzucht des Auges“[1], aber

1) Ähnlich lauten verschiedene Traditionen.

wenn ihm nicht die böse Tat folgt, so ist dafür leichter Verzeihung zu erlangen als für unerlaubten Erwerb. Wenn jedoch zu befürchten steht, daß der unzüchtige Blick zur Unzucht der Tat führt, so gilt dasselbe wie im Fall der Furcht vor wirklicher Unzucht.

3. Was schließlich den dritten Fall anlangt, daß einer zwar stark genug ist, die unreinen Blicke zu meiden, nicht aber, die das Herz ablenkenden Gedanken von sich zu weisen, so ist es auch für einen solchen besser, das Heiraten zu unterlassen, da eine innere Sünde leichter verziehen werden kann. Denn die (in der Freiheit von ablenkenden Gedanken bestehende) Ruhe des Gemütes wird nur im Interesse des Dienstes Gottes gefordert, dieser ist aber unvollkommen, wenn einer unrechtes Gut erwirbt und davon sich und die Seinigen unterhält.[1]

Auf solche Weise muß man die Nachteile gegen die Vorteile abwägen und darnach die Entscheidung treffen. Wer das Gesagte begriffen hat, der wird sich die von den Altvordern überlieferten Aussprüche, die teils die Ehe anempfehlen, teils sie widerraten, ohne Schwierigkeit zurechtlegen; denn jeder dieser Aussprüche ist je nach den Umständen[2] richtig.

Wenn man aber fragt, was für den Fall, daß keine Nachteile vorhanden sind, das Bessere sei, sich ganz dem Dienste Gottes zu widmen oder zu heiraten, so antworte ich, daß man beides vereinigen soll, denn die Ehe, als rechtliches Verhältnis betrachtet, schließt die gänzliche Hingabe an den Dienst Gottes nicht

1) Der Verfasser, der sich hier wohl nicht ganz deutlich ausgedrückt hat, will sagen: Auch in diesem Fall ist die mit dem ledigen Stand verbundene Unruhe des Gemütes das kleinere Übel gegenüber der Gefahr, auf unrechtmäßige Weise den Unterhalt für eine Familie erwerben zu müssen; denn der Dienst Gottes und damit das Seelenheil wird zwar durch beide beeinträchtigt, aber durch das zweite unvergleichlich mehr als durch das erste.

2) Ich lese mit R. *aḥwāl*, M. *aqwāl* „Aussprüche".

aus. Sofern aber die Notwendigkeit des Erwerbes in Betracht kommt, so wird die Ehe auch in diesem Fall, wenn der Betreffende ihn auf erlaubte Weise gewinnen kann, das Bessere für ihn sein; denn die Nacht und die freien Stunden des Tages bleiben jedenfalls für die Hingabe an den Dienst Gottes übrig, und ohne Unterbrechung sich mit religiösen Übungen zu beschäftigen ist ja ohnedies unmöglich. Setzen wir aber den Fall, es werde jemand wirklich die ganze Zeit durch den Erwerb in Anspruch genommen, so daß ihm außer den für die Gebete festgesetzten Zeiten und der Zeit für Schlaf, Essen und die Verrichtung der Bedürfnisse nichts mehr übrigbleibt, so ist zu unterscheiden: Wenn der Betreffende kein eigentlich geistliches Leben führt, sondern nur das pflichtmäßige und etwa ein freiwilliges Gebetsoffizium, die Wallfahrt und dergleichen äußere Übungen verrichtet, so ist das Heiraten für ihn das Bessere; denn der erlaubte Erwerb, die Sorge für die Familie, die Erstrebung von Nachkommenschaft, und das Ertragen des Charakters der Weiber sind ebensoviele Arten von religiösen Übungen, die hinter den sonstigen freiwilligen religiösen Übungen keineswegs zurückstehen. Wenn aber sein Gottesdienst sich auf die Wissenschaft, die Betrachtung und das innere geistliche Leben erstreckt und diese durch den Erwerb beeinträchtigt würden, so ist es besser für ihn, das Heiraten zu unterlassen.

Fragt man aber, warum Jesus der Gebenedeite unverheiratet geblieben sei, wenn der Ehe der Vorzug gebührt, und warum andererseits, wenn die gänzliche Eingabe an den Dienst Gottes das Bessere ist, unser hochgebenedeiter Prophet so viele Frauen besessen habe, so lautet die Antwort: Das Beste ist, beides zu vereinigen, wenn es einer vermag, und wenn er die erforderliche Kraft und den hohen Schwung besitzt, so daß ihn nichts von Gott abwendig machen kann. Unser hochgebenedeiter Prophet nun hatte eine solche Kraft empfangen und vereinigte den Vorzug der Hingabe an Gott mit dem der Ehe. Trotz seiner neun[1] Frauen ging er ganz im Dienste Gottes auf, und die Befriedigung der Sinnlichkeit in der Ehe war für ihn kein Hindernis, so wie die Befriedigung eines Bedürfnisses bei solchen, die mit weltlichen Geschäften sich abgeben, diese keineswegs in ihrem Geschäfte hindert; sie sind wohl äußerlich mit der Befriedigung des Bedürfnisses beschäftigt, aber ihre Gedanken sind ganz bei ihren Plänen und nicht abgewandt von ihren Interessen. Der hochgebenedeite Gottgesandte stand eben auf so hoher Stufe, daß ihn die Dinge dieser Welt nicht hinderten, innerlich in der Gegenwart Gottes d. A. zu stehen. Er empfing sogar eine Offenbarung, als er im Bette seiner Frau[2] lag. Wie dürfte man aber diese hohe Stufe einem anderen zugestehen? Es ist doch nicht verwunderlich, daß von Veränderungen, welche die Meeresbuchten erleiden, der Ozean unberührt bleibt.[3] Man darf daher auch keinen anderen mit ihm vergleichen wollen. Was aber Jesus den Gebenedeiten betrifft, so empfing er wohl Charakterstärke, aber weniger Kraft, und er übte für sich Entsagung. Vielleicht war er so veranlagt, daß ihn die Beschäftigung mit der Familie zu sehr mitgenommen hätte oder daß es ihm dabei zu schwer geworden wäre, in erlaubter Weise den Unterhalt zu beschaffen, oder er vermochte die Ehe nicht mit der Hingabe an den Dienst Gottes zu vereinigen und wählte daher die Hingabe an den Dienst Gottes allein. Die Propheten kannten

1) Nach M.: Sauda, ʿĀʾisha, Ḥafṣa, Umm Salama, Zainab, Umm Ḥabība, Juwairiya, Ṣafīya, Maimūna; wenn AL-BUKHĀRĪ im *Kitāb al-ghusl* von 11 Frauen spricht (vgl. S. 128), so wären noch Māriya und Raiḥāna hinzuzurechnen. Sonst erscheint in dieser Reihe noch Zainab bint Khuzaima.

2) Gemeint ist ʿĀʾisha. Vgl. eine unten S. 110 aufgeführte Tradition.

3) Nach M. eine Anspielung auf das Sprichwort: „Wer hinaus auf den Ozean fährt, macht sich nicht viel aus den Meeresbuchten."

am besten ihre innere Veranlagung und wie es zu ihren Zeiten mit der Möglichkeit des ehrlichen Erwerbes und dem Charakter der Frauen bestellt war, sie kannten auch die Gefahren, die dem Verheirateten aus der Ehe erwachsen, und die Vorteile. Da nun aber die Verhältnisse so verschieden sind, daß in dem einen Fall das Heiraten das Bessere ist und im anderen die Unterlassung des Heiratens, so müssen wir dafür halten, daß die Propheten in jedem Fall für sich das Bessere erwählt haben.[1)]

1) M. fügt hinzu: „Unserer Meinung nach war das Verhalten Jesu in seinem Religionsgesetz das Bessere, in unserer Religion ist jedoch das Asketentum (*rahbānīya*) abgeschafft. (Vgl. *Isl. Ethik I*, 28 Anm. 3). Beides hat sein Gutes. Im Zweifelsfalle ist aber das Verhalten unseres hochgebenedeiten Propheten maßgebend."

Zweites Kapitel.

Über den Ehekontrakt und die von seiten der Frau erforderlichen Eigenschaften.

I. Über den Ehekontrakt.

DIE Haupterfordernisse für die Gültigkeit und Erlaubtheit[1] des Ehekontraktes sind folgende:

1. Die Erlaubnis des Vertreters (*walī*) oder, wenn kein solcher vorhanden ist, des Herrschers.

2. Die Einwilligung der Braut, wenn sie volljährig und nicht mehr Jungfrau ist (*thaiyib*)[2], oder auch, wenn sie noch Jungfrau ist, aber nicht vom Vater oder Großvater verheiratet wird.[3]

1) So R.: *al-ḥill*, M.: *al-kull*.

2) In der Regel wird das eine Witwe oder eine Geschiedene sein, aber notwendig ist das nicht. Der Braut muß in dieser Hinsicht auf ihr Wort geglaubt werden.

3) Bei der Deflorierten muß die Zustimmung eine ausdrückliche sein, bei der Jungfrau genügt eine stillschweigende (gegen Abū Ḥanīfa), weil man annimmt, daß sie für eine ausdrückliche Erklärung zu schüchtern sei. Vom Vater oder Großvater kann aber eine Jungfrau auch gegen ihren Willen verheiratet werden; diese beiden heißen darum *walī mujbir* („zwingender" *walī*), doch gilt diese ihre Befugnis nicht uneingeschränkt.

3. Die Gegenwart zweier Zeugen von äußerer Rechtschaffenheit.[1] Ist die innere zweifelhaft, so betrachten wir im Notfall den Kontrakt als gültig.

4. Angebot und Zuschlag (*ījāb wa-qabūl*) in Verbindung mit den Worten „Heirat“ (*nikāḥ*) oder „Verheiratung“ (*tazwīj*) oder den entsprechenden Ausdrücken in jeder beliebigen Sprache. Und zwar müssen sie ausgehen von zwei vollverantwortlichen (*mukallaf*) Personen, von denen keine eine Frau sein darf; wohl aber kann es der Bräutigam oder der Vertreter oder ein Bevollmächtigter sein. Außerdem fordert die hergebrachte Sitte noch folgendes:[2]

1. Es soll der Heirat eine Bewerbung (*khiṭba*) beim *walī* vorausgehen, die aber nicht während der Wartezeit (*ʿidda*) der Frau geschehen darf, wenn diese in einer solchen sich befindet, sondern erst nach Ablauf derselben.[3] Auch darf nicht schon ein anderer um sie geworben haben, denn „Werbung gegen Werbung“ *khiṭba ʿalā khiṭba* ist verboten.[4]

2. Der Verheiratung soll eine religiöse Ansprache (*khuṭba*) vorangehen, und in die Vertragsschließung sollen Lobpreisungen Gottes eingeflochten sein. Der Vertreter der Braut soll sprechen: „Gelobt sei Gott und gebenedeit der Gesandte Gottes, ich gebe dir meine Tochter so und so zur Frau.“ Der Bräutigam erwidert: „Gelobt sei Gott und gebenedeit der Gesandte Gottes. Ich nehme

1) D. h. quoad forum externum [D. h., soweit der öffentliche Bereich gilt.].

2) Die Beobachtung dieser Bestimmungen ist nicht obligatorisch, aber empfehlenswert und verdienstlich.

3) Ist die Frau aber vollständig frei (*khalīya*), so darf die Werbung wenigstens andeutungsweise (*taʿrīḍan*) geschehen, wenn auch nicht ausdrücklich (*taṣrīḥan*).

4) Es gilt hier dasselbe Recht der Priorität wie beim Kauf. Vgl. AL-BUKHĀRĪ, *Kitāb al-nikāḥ* nr. 46.

sie zur Frau auf Grund dieses Brautgeldes." Und die Summe soll fest bestimmt und nicht zu hoch sein. Der Lobpreis Gottes ist auch vor der Werbung zu empfehlen.

3. Ferner soll die Braut mit den Verhältnissen des Bräutigams vertraut gemacht werden, auch wenn sie noch Jungfrau ist, weil solches für das gute Einvernehmen förderlich sein wird. Aus demselben Grunde ist zu empfehlen, daß der Bräutigam die Braut vor der Heirat zu Gesicht bekommt, „dies wird die gegenseitige Sympathie fördern."[1]

4. Ferner sollen außer den beiden Zeugen, die zum gültigen Abschluß des Vertrages unumgänglich notwendig sind, noch andere fromme Männer beigezogen werden.

5. Der Bräutigam soll die Intention erwecken, durch seine Heirat die Sunna des Propheten zu erfüllen, vor unlauteren Blicken bewahrt zu bleiben, Nachkommenschaft zu erzielen und der übrigen Vorteile teilhaftig zu werden, die wir oben aufgezählt haben. Er soll nicht lediglich auf den sinnlichen Genuß ausgehen, damit sein Werk nicht ein rein weltliches sei; die genannten Intentionen lassen sich damit wohl vereinbaren. Ist doch gar manche Pflicht der natürlichen sinnlichen Neigung entsprechend. So sagt der gottselige ʿUmar b. ʿAbd al-ʿAzīz: „Wenn eine Pflicht der Neigung entspricht, so ist das wie Nirsiyān-Datteln mit Butter."[2] Es liegt ja auch keineswegs ein Widerspruch darin, daß ein sinnliches Gut und eine religiöse Pflicht gleichzeitig als Motiv wirken.[3]

1) Vgl. die unten S. 94 angeführte Tradition.

2) Auch M. bemerkt dazu, daß dieser Ausspruch in Wirklichkeit nicht auf ʿUmar b. ʿAbd al-ʿAzīz zurückgeht, sondern daß die Redensart ein altes Sprichwort ist.

3) Vgl. *Isl. Ethik I*, 13 ff.

6. Ferner wird angeraten, die Hochzeit in der Moschee zu schließen und im Monat Shawwāl, gemäß dem Ausspruch der gottseligen ʿĀ'isha: „Der hochgebenedeite Prophet hat im Shawwāl mich geheiratet und im Shawwāl die Ehe vollzogen."

II. Die von seiten der Frau erforderlichen Eigenschaften.

Auf seiten der Frau sind zwei Arten von Eigenschaften erforderlich, erstens solche, welche die Ehe erlaubt[1] machen (Freiheit von Ehehindernissen), und zweitens solche, die ein glückliches Zusammenleben und die Erreichung des Zweckes der Ehe verbürgen.

[A. Freiheit von Ehehindernissen.]

Solcher Hindernisse gibt es neunzehn:

1. Wenn die Frau bereits an einen andern verheiratet ist.

2. Wenn sie noch in der gesetzlichen Wartezeit[2] sich befindet, sei es, daß ihr Mann gestorben ist oder sie entlassen hat, oder infolge einer Beiwohnung ex errore[3] oder um die Freiheit des uterus[4] festzustellen (*istibrā'*), falls es sich um eine Sklavin handelt.

1) „Erlaubt" und „gültig" fällt hier zusammen, d. h. alle unten aufgezählten impedimenta sind dirimentia, nicht nur impedientia [... Hindernisse sind Verhinderungsgründe, nicht nur Hemmnisse].

2) Die Wartezeit hat den Zweck, eine etwa vorhandene Schwangerschaft festzustellen.

3) aus Versehen.

4) des Schoßes.

3. Wenn sie vom Islam abtrünnig geworden ist und eine Äußerung getan hat, die ihren Unglauben verrät.

4. Wenn sie der Religion der Magier angehört.[1)]

5. Wenn sie eine Götzendienerin oder eine Zindīqin[2)] ist, ohne Propheten und ohne Offenbarung. Dahin gehören auch die Anhängerinnen der Sekte der Ibāḥīya[3)], auch mit ihnen ist die Ehe unerlaubt. Desgleichen die Angehörigen jeder andern schlechten Sekte, die als ungläubig angesehen wird.

6. Wenn sie zwar einer Offenbarungsreligion angehört, aber ihr erst nach der Fälschung des Offenbarungsbuches oder nach der Sendung des hochgebenedeiten Propheten beigetreten ist und überdies nicht zum Stamme Israel gehört.[4)] Wenn beide Eigenschaften fehlen, so ist die Heirat mit ihr unerlaubt, fehlt

1) Weil es zweifelhaft ist, ob diese (die Parsen) zu den *ahl al-kitāb*, den Inhabern eines geoffenbarten Buches gehören. (M.)

2) *Zindīq* (etymologisch wohl auf *ṣaddīq* > *zaddīq* zurückgehend) bedeutet etwa „Freigeist".

3) Von *ibāḥa* „erlauben", d. h. solche, die das Verbotene für erlaubt halten, Libertinisten. Von den bekannten Sektenbüchern enthält nur das von al-Baghdādī, *Kitāb al-farq bain al-firaq* (ed. Muḥ. Badr, S. 250 f.) einen besonderen Artikel über die Ibāḥīya. Darnach war diese in vorislamischer Zeit durch die Mazdakiten vertreten, im Islam durch die Khurmadīnīya (auch Muḥammira genannt), die wieder in die Bābakīya und die Māzyārīya (bei Shahrastānī unrichtig Māzyāwīya) zerfallen, beide nach ihren Gründern benannt. Hierher gehört aber auch die von al-Ghazālī unter dem Namen Bāṭinīya bekämpfte Gruppe, die äußerlich als extreme Shī'iten sich gebärden, in Wirklichkeit aber alle Religion zerstören. Sie gelten nicht als einfache Ungläubige, sondern als Apostaten und sind mit dem Schwerte zu vertilgen. Vgl. Goldziher, Streitschrift des Ghazālī gegen die Bāṭiniyya-Sekte, passim [allenthalben], bes. S. 37, 44, 48, 71.

4) Nach M. sind nicht alle Israeliten, d. h. Söhne Jakobs, der Religion des Moses sofort beigetreten, sondern ein Teil davon blieben Heiden.

aber nur die israelitische Abstammung, so gehen die Meinungen auseinander.

7. Wenn die Frau eine Sklavin und der Mann ein Freier und imstande ist, eine Freie heimzuführen, oder[1] er nicht fürchten muß, in Unzucht zu verfallen.

8. Wenn die Frau ganz oder teilweise das Eigentum des Mannes ist.[2]

9. Wenn die Frau mit dem Mann verwandt ist, so daß sie zu seinen Vorfahren (*uṣūl*) oder Abkömmlingen (*fuṣūl*) gehört oder den Abkömmlingen seines nächsten Vorfahren oder den ersten Abkömmlingen jedes weiteren Vorfahren.[3] Mit den Vorfahren meine ich die Mütter und Großmütter, mit den Abkömmlingen die Kinder und Enkel, mit den Abkömmlingen seines nächsten Vorfahren die Geschwister und deren Kinder, mit den ersten Abkömmlingen jedes weiteren Vorfahren die Tanten väterlicher und mütterlicher Seite, aber nicht deren Kinder.

10. Wenn die Frau zum Mann im Verhältnis der Milchverwandtschaft (*raḍāʿ*) steht, und zwar gilt die Milchverwandtschaft ebenso als Hindernis wie die Blutsverwandtschaft in aufsteigender und absteigender Linie, wie eben ausgeführt. Es muß die Stillung

1) Falls er nicht die Möglichkeit hat, eine Freie heimzuführen. Vgl. oben S. 55. Nach *Qūt II*, 239, 32 darf, den irakischen Gelehrten zufolge, kein Freier eine Sklavin heiraten, wenn er wenigstens 10 Dirham besitzt. Einige Gelehrte des Ḥijāz verlangen sogar weniger als 3, andere weniger als 2 Dirham. Vgl. auch unten S. 99.

2) In diesem Fall kann sie nur Konkubine sein, und die aus einem solchen Verhältnis hervorgehenden Kinder sind frei.

3) *min fuṣūlihi au uṣūlihi au fuṣūl awwal uṣūlihi, au min awwal faṣl min kull aṣl.* Vgl. Sūra 4, 23.

aber fünf Mal stattgefunden haben; wenn es weniger war, entsteht kein Ehehindernis.[1]

11. Wenn die Frau mit dem Mann verschwägert ist, d. h. wenn er früher mit deren Tochter oder Enkelin verheiratet war[2] oder infolge eines Rechtsirrtums geschlechtlich verkehrt hat oder wenn er auf Grund eines Vertrages oder eines vermeintlichen Vertrages ihrer Mutter oder einer ihrer Großmütter beigewohnt hat. Der bloße Ehevertrag mit einer Frau macht demnach nur deren Mutter unerlaubt, ihre Töchter werden es erst durch die Beiwohnung.[3]

12. Wenn der Mann schon vier Frauen hat, so daß die betreffende die fünfte wäre. Dabei zählt auch eine noch in der Wartezeit befindliche Frau als verheiratet, wenn sie vom Mann wieder angenommen werden kann (*ʿiddat rijʿa*); ist sie hingegen unwiderruflich geschieden (*ʿiddat bainūna*)[4], so kann er eine fünfte dazunehmen.

13. Wenn der Mann bereits mit der Schwester oder der Tante väterlicher- oder mütterlicherseits der betreffenden Frau verheiratet ist, so daß er dann beide gleichzeitig zu Frauen hätte.

1) So nach shāfiʿitischer Lehre, entsprechend dem Ausspruch des Propheten: „Ein einmaliges Saugen und auch ein zweimaliges begründet keine Verwandtschaft." Bei den Ḥanafiten hingegen genügt eine einmalge Stillung. Vgl. über die betreffende Tradition auch Nöldeke-Schwally, *Geschichte des Koran*, S. 253.

2) R. hat noch: „oder auf Grund eines Vertrages oder eines vermeintlichen Vertrages sie als Sklavin erworben hat."

3) R. hat noch: „oder dadurch, daß der Vater oder Sohn des Betreffenden früher mit ihr verheiratet war." Damit ist also auch die Stiefmutter und Schwiegertochter ausgeschlossen, was der Verfasser beizufügen vergessen zu haben scheint. Vgl. Sūra 4, 22.

4) Vgl. unter 14 und 15.

Überhaupt gilt die Regel, daß der Mann nicht gleichzeitig mit zwei Frauen verheiratet sein darf, welche in einem solchen verwandtschaftlichen Verhältnis zueinander stehen, daß, wenn die eine von ihnen ein Mann wäre, eine Ehe zwischen ihnen nicht stattfinden könnte.

14. Wenn der Mann die betreffende Frau bereits zum dritten Mal verstoßen hat. In diesem Fall wird sie dann erst wieder erlaubt, wenn sie eine rechtmäßige Ehe mit einem anderen eingegangen und dieser die Ehe vollzogen hat.

15. Wenn der Mann die „Fluch"-Formel gegen die betreffende Frau gebraucht hat,[1] so ist die Ehe mit ihr für immer verboten.

16. Wenn der Mann oder die Frau im Weihezustande (*iḥrām*) sich befindet, um eine Wallfahrt oder die ʿUmra[2] zu unternehmen, so kann erst nach Ablegung dieses Zustandes die Ehe geschlossen werden.

17. Wenn das Mädchen defloriert und noch minderjährig ist, so kann es erst nach Erlangung der Volljährigkeit eine gültige Ehe eingehen.

18. Desgleichen kann ein Mädchen, welches Waise ist, erst nach Erreichung der Volljährigkeit eine gültige Ehe eingehen.

19. Wenn die betreffende Frau eine Gattin des hochgebenedeiten Propheten bei dessen Hinscheiden gewesen ist oder wenn er ihr beigewohnt hat; sie gelten nämlich als Mütter der Gläubigen. Dieser Fall kommt indes jetzt nicht mehr in Betracht.

1) D. h. wenn der Mann viermal feierlich beschworen hat, daß die Frau ihm untreu gewesen und zum fünften Mal Allāhs Fluch auf sich herabgewünscht hat (*liʿān*) für den Fall, daß er gelogen haben sollte. Die Bestimmungen darüber stehen in Sūra 24, 6-9.

2) Die ʿUmra (kleine Wallfahrt) besteht darin, daß man nach Annahme des *iḥrām* den Umgang (*ṭawāf*) um die Kaʿba sowie den Lauf (*saʿy*) zwischen Ṣafā und Marwa ausführt und sich dann bei Marwa die Haare scheren läßt.

[B. Positive Eigenschaften.]

Die oben aufgezählten Hindernisse machen die Ehe ungültig. Außerdem muß man bei der Frau noch auf verschiedene ein glükkliches Zusammenleben verbürgende Eigenschaften sehen, damit die Ehe dauernden Bestand habe und ihren Zweck in gebührender Weise erreiche. Es sind die folgenden acht: 1. Religiosität, 2. guter Charakter, 3. Schönheit, 4. mäßiges Brautgeld, 5. Fruchtbarkeit, 6. Jungfräulichkeit, 7. gute Herkunft, 8. keine zu nahe Verwandtschaft.

1. Religiosität.[1)]

Was die erste betrifft, so soll sie brav und religiös sein, und zwar ist das die Hauptsache, auf welche vor allem zu sehen ist. Denn wenn sie wenig gewissenhaft (*ḍaʿīfat al-dīn*) ist in der Bewahrung ihrer selbst und ihres Körpers, so wird sie ihrem Mann Schande machen und ihn vor den Leuten in schlechten Ruf bringen, sein Herz wird durch Eifersucht beunruhigt und das Leben ihm verbittert werden. Geht er nun mit heiligem Zorn[2)] und Leidenschaftlichkeit gegen sie vor, so hat er eine ewige Not und Plage; ist er aber nachsichtig gegen sie, so gibt er seine Religion und seine Ehre preis und gilt als ein Schwächling. Ist die Frau bei dieser Sittenlosigkeit überdies schön, so ist der Mann noch übler daran, weil er es nicht leicht über sich bringen wird, sie zu entlassen. Er kann es weder ohne sie noch mit ihr aushalten, und es ergeht

1) An einigen Stellen besser mit Gottesfurcht, Gewissenhaftigkeit zu übersetzen.

2) Das ist nach M. mit *ḥammīya* gemeint.

ihm wie jenem Mann, der zum hochgebenedeiten Gottgesandten kam und zu ihm sagte: „Ich habe eine Frau, Gesandter Gottes, die keinen zurückweist, der sie anrühren will." „So entlasse sie doch", erwiderte der Prophet. „Aber ich habe sie gern", entgegnete jener. „Dann behalte sie", sagte der Prophet, und zwar sagte er es darum, weil zu befürchten war, daß der betreffende, auch wenn er sie entließe, ihr doch wieder nachlaufen und dadurch sie und sich selbst ins Verderben bringen würde. Er betrachtete also die Fortsetzung der Ehe, wenn sie dem Mann auch schwerfiel, als das Bessere, weil sie ihn wenigstens vor dem Verderben bewahrte. Und wenn ein solches Weib in ihrer Gewissenlosigkeit das Vermögen des Mannes durchbringt oder sonst etwas anstellt, so wird ihm das Leben für immer verleidet sein. Schweigt er aber dazu und weist sie nicht zurecht, so macht er sich der betreffenden Sünde mitschuldig und vergeht sich gegen das Gebot Gottes d. A. (Sūra 66, 6): „Bewahret euch und eure Familie vor dem Feuer!" Macht er ihr aber Vorhaltungen und streitet er mit ihr, so wird ihm das Leben vergällt. Deshalb fordert der Prophet mit so kräftigen Worten die Wahl einer religiösen Frau, wenn er sagt: „Eine Frau wird geheiratet ihres Vermögens, ihrer Schönheit, ihrer Herkunft oder ihrer Gottesfurcht wegen. Du aber wähle eine gottesfürchtige, oder es soll dir schlecht ergehen."[1] Und in einer anderen Tradition heißt es: „Wer eine Frau ihres Reichtums oder ihrer Schönheit wegen heiratet, der soll von beiden nichts haben, wer sie aber ihrer Gottesfurcht wegen heiratet, dem gewährt Gott ihren Reichtum und ihre Schönheit." Ferner sagt der Hochgebenedeite: „Heirate keine Frau ihrer Schönheit wegen, denn vielleicht wird ihre Schönheit ihr zum Verderben,

1) Ein die Mahnung bekräftigender Fluch, wörtlich: Deine Hände sollen staubig werden" d. h. „du sollst in Armut geraten."

auch nicht ihres Reichtums wegen, denn vielleicht führt sie der auf Abwege, sondern heirate sie ihrer Religiosität wegen." Er legt darum so großes Gewicht auf die Religiosität, weil eine solche Frau dem Mann eine Hilfe in der Ausübung der Religion wird. Ist sie aber selbst nicht religiös, so wird sie auch den Mann von der Religion abziehen und ihn darin stören.

2. Guter Charakter.

Das zweite, der gute Charakter, ist gleichfalls ein wichtiges Moment, damit der Mann für die Religion frei und in ihr gefördert werde. Denn wenn sie frech ist und schlechte Reden führt, bösartig ist und die Güte mit Undank lohnt, so hat der Mann von ihr mehr Schaden als Nutzen. Mit der Ertragung der weiblichen Zunge aber werden die Heiligen geprüft.

Ein Araber sagte: „Sechs Arten von Frauen gibt es, die ihr nicht heiraten sollt, keine *annāna*, keine *mannāna*, keine *ḥannāna*, ferner keine *ḥaddāqa*, keine *barrāqa* und keine *shaddāqa*." Die *annāna* ist eine solche, die immerfort seufzt und klagt und jeden Augenblick eine Binde um ihren Kopf wickelt;[1] eine Frau zu heiraten, die immer kränkelt oder krank tut, führt aber nicht zum Guten. Die *mannāna* ist eine, die immer dem Mann vorrechnet und spricht: „Ich habe für dich oder deinetwegen das und das getan." Die *ḥannāna* ist eine, die immer nach ihrem früheren Gatten jammert oder nach einem Kind, das sie von einem früheren Gatten hatte. Auch das darf nicht vorkommen. Die *ḥaddāqa*[2] ist eine, die auf alles ihren „Augapfel" wirft und es haben möchte und ihren Mann

1) Weil sie Kopfweh hat oder solches vorgibt.
2) Von *ḥadaqa* „Augapfel", also „die alles beäugelt".

drängt, es zu kaufen. *barrāqa*[1] kann auf zweifache Weise erklärt werden: entweder ist darunter eine solche zu verstehen, die den ganzen Tag ihr Gesicht glättet und putzt, damit es durch diese Prozedur[2] „blitzblank" werde, oder eine, die über das Essen sich ärgert, die nur allein essen will und der das, was sie bekommt, immer zu wenig ist. Letzteres ist eine südarabische Ausdrucksweise; man sagt: die Frau oder das Kind *baraqat* bzw. *baraqa* über das Essen, wenn sie ungehalten darüber sind. Die *shaddāqa*[3] endlich ist eine, die viel schwätzt; in demselben Sinne sagt der Hochgebenedeite: „Gott haßt die großmäuligen Schwätzer" (*al-tharthārīn al-mutashaddiqīn*)[4].

Es wird erzählt, daß der Wanderer von Ardan[5] den Propheten Elias, den Gebenedeiten, auf seiner Wanderschaft getroffen habe. Dieser befahl ihm, sich zu verheiraten, da solches für ihn besser sei, und verbot ihm, länger ledig zu bleiben. Dann gab er ihm noch den Rat: „Heirate keine der folgenden vier: keine *mukhtaliʿa*, keine *mubāriya*, keine *ʿāhira* und keine *nāshiza*." Die *mukhtaliʿa* ist eine solche, die jeden Augenblick sich vom Manne scheiden lassen will, ohne einen Grund zu haben.[6] Die *mubāriya* ist eine, die anderen gegenüber groß tut und mit weltlichen Dingen Staat

1) Eine, die „blitzen" will, von *barq* „Blitz"; nach Lane, s. v., die sehr schön ist oder ihre Schönheit zur Schau trägt.

2) M. *yaḥṣul bi-l-taṣannuʿ*, R. *muḥaṣṣal al-ṣanʿ*.

3) Von *shidq* „Mundwinkel", also „die ein großes Maul hat".

4) Eine andere Überlieferung hat noch *al-mutafaihiqīn*, das denselben Sinn hat. (M.)

5) So M., der ausdrücklich die Lesung *Ardan* angibt, das ein Wādī in Syrien sein soll. R. dagegen: al-Azdī „vom Stamme Azd"; so übrigens auch *Qūt II*, 256, 1.

6) Die Frau kann sich vom Mann dadurch loskaufen (*khulʿ*), daß sie ihm das Brautgeld (*mahr*) zurückgibt.

macht. *'āhira* ist soviel wie *fāsiqa* (Übeltäterin) d. h. eine, von der man weiß, daß sie einen „Freund" und Geliebten besitzt, wie Gott d. A. sagt (Sūra 4, 25): „... die sich keinen Geliebten halten." Die *nāshiza* endlich ist eine, die gegen ihren Mann im Reden und Tun sich überhebt; *nashz* ist nämlich ein erhöhter Ort.

Der gottselige 'Alī pflegte zu sagen: „Drei Untugenden der Männer sind Tugenden bei den Frauen: Geiz, Stolz und Furcht." Wenn nämlich eine Frau geizig ist, so hält sie ihr Vermögen und das des Mannes zusammen, und wenn sie von sich eingenommen ist, wird sie sich nicht herbeilassen, mit jedem beliebigen freundlich zu reden und sich dadurch in Verdacht zu bringen, und wenn sie furchtsam ist, wird sie vor allem Angst haben und daher auch das Haus nicht verlassen und alle verdächtigen Orte aus Furcht vor dem Manne meiden.

Die angeführten Aussprüche enthalten die hauptsächlichsten Charaktereigenschaften, die man von der Frau beim Heiraten verlangen muß.

3. Schönheit.

Die dritte Eigenschaft ist die Schönheit des Gesichtes. Auch diese ist erforderlich, weil durch sie die Bewahrung vor der Unzucht gewährleistet wird. Denn die Natur wird zumeist nicht befriedigt durch ein unansehnliches Geschöpf. Zudem ist die äußere Schönheit gewöhnlich mit der inneren verbunden.[1] Wenn in den oben von uns angeführten Aussprüchen die Notwendigkeit der Frömmigkeit so sehr betont und davor gewarnt wurde, die Frau wegen ihrer Schönheit zu heiraten, so soll damit nicht die

1) Ein von den Physiognomen (*ahl al-firāsa*) allgemein angenommener Grundsatz. (M.)

Berücksichtigung der Schönheit an sich verpönt werden, sondern nur, daß man eine Frau lediglich um ihrer Schönheit willen heirate und ohne Rücksicht auf ihre Gottlosigkeit. Denn tatsächlich ist es meistenteils die Schönheit allein, die zum Heiraten anreizt, und die Religiosität wird dabei außer acht gelassen.

Für die Notwendigkeit, bei der Frau auf den Reiz der Schönheit zu sehen, spricht auch der Umstand, daß die Sympathie und Liebe zumeist auf ihr beruht. Nun verlangt aber das heilige Gesetz die Beobachtung alles dessen, was die Sympathie zu fördern geeignet ist, weshalb auch empfohlen wird, die Braut vorher in Augenschein zu nehmen. „Wenn Gott einem von euch die Neigung zu einer Frau ins Herz gibt", heißt es in einer Tradition, „so soll er sie zuvor ansehen, das wird der gegenseitigen Sympathie förderlich sein" (*fa-innahu aḥrā an yu'dam bainahumā*); *yu'dam* ist soviel wie *yu'laf*, denominiert von *adama* „Haut" d. h. also, daß die Haut mit der Haut in Berührung kommt, und zwar bezeichnet *adama* die innere Haut, *bashara* dagegen die äußere Haut; er gebrauchte aber das erste Wort, um einen besonders hohen Grad der Sympathie auszudrücken.

Ferner sagte der Hochgebenedeite: „Die Anṣār[1] haben etwas in ihren Augen; wenn einer von euch eine von ihnen heiraten will, der sehe sie sich zuvor an." Einige meinen, sie seien triefäugig gewesen, andere, sie hätten kleine Augen gehabt.

Manche besonders Gewissenhafte verheirateten ihre Töchter nur, wenn der Bewerber sie zuvor gesehen hatte, um eine nachträgliche Enttäuschung zu vermeiden.

1) D. h. „Helfer", die aus Medina stammenden Anhänger des Propheten. Vgl. *Enzykl. des Islam I*, s. v.

[Abū Bakr Sulaimān] al-Aʿmash [1] sagt: „Jede Heirat, der kein persönliches Kennenlernen vorausgegangen ist, endigt mit Kummer und Verdruß."

Nun ist es aber klar, daß man durch den Augenschein nicht den Charakter und die Frömmigkeit [2] einer Frau erkennen kann, sondern nur, ob sie hübsch oder häßlich ist. [3]

Es wird erzählt, daß unter der Regierung des gottseligen ʿUmar ein Mann sich verheiratete, der seine Haare gefärbt hatte. Als nun später die falsche Farbe ausging, beschwerten sich die Angehörigen der Frau bei ʿUmar über den betreffenden, weil sie ihn für einen jungen Mann gehalten hätten. Da züchtigte ihn ʿUmar mit den Worten: „Du hast die Leute betrogen." [4]

Ferner wird erzählt, daß Bilāl [5] und Ṣuhaib zu einem Araberstamm kamen und um deren Töchter anhielten. Gefragt, wer sie wären, antwortete Bilāl: „Ich bin Bilāl, und der da ist mein Bruder Ṣuhaib. Wir hatten uns verirrt, aber Gott hat uns auf den rechten Weg geführt, wir waren Sklaven, aber Gott hat uns freigelassen, wir waren arm, aber Gott hat uns reich gemacht. Wenn ihr uns welche von euren Töchtern gebt, so sei Gott dafür gelobt, und wenn ihr es nicht tut, so sei er gepriesen." „Gewiß sollt ihr sie haben", antwortete man ihnen, „Gott sei gelobt." Da meinte Ṣuhaib zu Bilāl: „Du hättest sagen sollen, daß wir zu den ersten

1) Traditionssammler, gest. um 148 (765) in Kūfa. Vgl. *Enzykl. des Islam I*, 341.

2) R. hat noch „und das Vermögen".

3) Folglich wird durch die angeführten Zeugnisse bewiesen, daß man auch auf die äußere Schönheit sehen muß.

4) *Qūt* II, 248 „und er löste die Ehe".

5) Ein Sklave von abessinischer Herkunft, der erste Mu'adhdhin im Islam, gest. 20 (641), nach anderen 21 oder 28. Vgl. *Enzykl. des Islam I*, 749. Varianten dieser Geschichte bei IBN SAʿD, *Tabaqāt III*, 1, S. 169.

Anhängern des hochgebenedeiten Propheten gehören und alles mit ihm durchgemacht haben." „Schweig", entgegnete Bilāl, „ich habe die Wahrheit gesagt, und so bist du durch die Wahrheit zu einer Frau gekommen."

Da man sich sowohl hinsichtlich der Schönheit als auch des Charakters täuschen kann, so wird anempfohlen, sich betreffs der ersteren durch den Augenschein und betreffs des zweiten durch Erkundigung vor Enttäuschung zu bewahren. Und zwar soll das vor der Heirat geschehen, und man soll sich über den Charakter und die Schönheit der Frau nur bei einer klugen und zuverlässigen Person befragen, welche deren Äußeres und Inneres genau kennt, die nicht für sie eingenommen ist und sie daher über Gebühr lobt, die aber auch nicht auf sie neidisch ist und sie darum herabsetzt. Die Menschen sind nämlich, wo es sich ums Heiraten und um die Beschreibung der Braut handelt, immer zum Übertreiben oder zum Herabsetzen geneigt, und nur selten findet man jemand, der die Wahrheit sagt und die rechte Mitte einhält. Schwindel und Animiersucht herrschen hier überall. Es ist daher eine wichtige Sache, sich hier vorzusehen, für jeden, der von sich fürchten muß, daß er nach anderen Weibern ausschauen könnte.

Bezweckt aber jemand durch seine Heirat nur die Erfüllung der Sunna, Erzielung von Nachkommenschaft und die Besorgung seines Haushalts, und legt er keinen besonderen Wert auf Schönheit, so ist solches der Askese entsprechender; denn das Wertlegen auf Schönheit ist im allgemeinen doch eine weltliche Bestrebung, wenn auch einzelne Personen dadurch in der Gottseligkeit gefördert werden mögen. Abū Sulaimān al-Dārānī sagt: „Die Askese erstreckt sich auf alles, selbst auf die Wahl der Frau, so daß jemand eine alte heiratet, um dadurch seine Verachtung alles Weltlichen zum Ausdruck zu bringen. Mālik b. Dīnār[1)] pflegte zu sagen: „Ihr habt die Wahl, eine arme Waise zu heiraten und den Lohn dafür zu empfangen, daß ihr sie ernährt und kleidet, sie erfordert geringen Aufwand und ist mit wenigem zufrieden, oder die Tochter eines Herrn so und so zu heiraten – d. h. von den Kindern dieser Welt –, die euch mit allen möglichen Wünschen kommt und sagt: ‚Kaufe mir ein solches und solches Kleid!'" Auch der gottselige Aḥmad b. Ḥanbal zog eine einäugige ihrer Schwester vor, obwohl die letztere hübsch war. Er fragte nur, welches die klügere sei, und als man ihm antwortete, die einäugige sei es, verlangte er diese zur Frau.

So mag jemand handeln, der in der Ehe keine sinnliche Befriedigung sucht. Wer aber seines Seelenheils nicht sicher ist, wenn er keine Genußmöglichkeit hat, der soll auf Schönheit sehen; denn der erlaubte Genuß dient zur Bewahrung der Gottseligkeit. Es heißt: „Wenn eine Frau schön und von gutem Charakter ist, wenn sie eine schwarze Pupille und langes[2] Haar, große Augen und eine weiße Hautfarbe besitzt, überdies ihren Mann liebt und nach keinem anderen ausschaut, so kommt sie den großäugigen Ḥūrīs (*al-ḥūr al-ʿīn*) gleich." Diese Eigenschaften kommen nämlich den Frauen der Paradiesesbewohner zu gemäß dem Gottesworte (Sūra 55, 70): [Darinnen sind] „gute und schöne" – mit den „guten" (*khairāt*) meinte er den guten Charakter – und dem anderen (Sūra 37, 48; 38, 52; 55, 56): „Züchtig blickende" und dem weiteren (Sūra 56, 37; 78, 33) „Verliebte, gleichaltrige[3] (*ʿurban atrāban*)." *ʿarbāʾ* (Singular von *ʿurb*) ist eine solche, die in ihren Mann verliebt ist et coitum cum ipso desiderat, quo desiderio voluptas

1) Asket und Koranschreiber, gest. 131 (748) in Baṣra. Vgl. Ibn Khallikān, übersetzt von de Slane II, 549 und *Kashf al-maḥjūb*, übers. von Nicholson, S. 89.

2) M. „schwarzes Haar".

3) Nach al-Baiḍāwī zur Stelle werden Männer wie Frauen 33 Jahre alt sein.

coitus summopere augetur[1]; *ḥawar* bezeichnet die weiße Farbe, und *ḥaurā'* (Plural *ḥūr*) ist eine solche, bei der das Weiße im Auge sich von der schwarzen Pupille und dem schwarzen Haar besonders stark abhebt; *'ainā'* (Plur. *'īn*) ist eine großäugige.

Der hochgebenedeite Prophet sagt ferner: „Die beste eurer Frauen ist die, bei deren Anblick der Mann Freude empfindet, die ausführt, was er befiehlt, und die, wenn er abwesend ist, sich selbst und sein Vermögen bewahrt." Er wird aber nur dann sich über ihren Anblick freuen, wenn sie ihn wirklich liebt.[2]

4. Mässiges Brautgeld.

Das vierte ist ein mäßiges Brautgeld. So sagt der hochgebenedeite Prophet: „Die besten Frauen sind diejenigen, die die hübschesten Gesichter haben und das wenigste Brautgeld kosten." Das übermäßige Brautgeld hat er sogar verboten. Eine seiner Frauen verheiratete der hochgebenedeite Prophet für zehn Dirham und den Hausrat; dieser bestand aus einer Handmühle, einem Wasserkrug und einem ledernen mit Stroh gefüllten Kissen.[3] Das Hochzeitsmahl feierte er bei einer mit zwei Mudd[4] Gerste und bei einer anderen mit zwei Mudd Datteln und zwei Mudd Feinmehl.

1) und die Vereinigung mit ihm ersehnt, durch welche Sehnsucht die Lüsternheit der Vereinigung sich erheblich vermehrt. – Bei *Qūt II*, 244, 6 noch der folgende Ausspruch eines „Weisen": „Drei Genüsse gibt es, die man viel zu wenig beachtet: Im Sommer ohne Beinkleider zu geben, am Wasser zu spazieren und coire cum femina libidinosa [und einer lüsternen Frau beizuwohnen] (*zanūj*)."

2) So der Text. Man erwartet: wenn sie schön ist.

3) AL-BUKHĀRĪ, *Kitāb al-ṣaum* nr. 59.

4) Ein *mudd* ist der 4. Teil eines *ṣā'* und dies der 60. Teil einer Kamellast (*wasq*).

Der gottselige ʿUmar verbot die zu hohe Ansetzung des Brautgeldes und pflegte zu sagen: „Der hochgebenedeite Prophet setzte bei seinen eigenen Heiraten und bei der Verheiratung seiner Töchter das Brautgeld nicht höher an als 400 Dirham.“[1] Wäre aber die hohe Ansetzung des Brautgeldes etwas Vornehmes, so wäre gewiß der hochgebenedeite Prophet darin vorangegangen.

Einer der Genossen[2] des hochgebenedeiten Propheten heiratete seine Frau für ein Stückchen Gold im Gewicht eines Dattelkerns, dessen Wert fünf Dirham betragen haben soll. Saʿīd b. al-Musayyab heiratete sogar eine Tochter des Abū Huraira für nur zwei Dirham. Letzterer brachte sie dann selbst zu ihm und führte sie durch die Türe hinein; darauf ging er fort und kam erst nach einer Woche wieder zu ihr, sie zu begrüßen.

Wenn jemand zehn Dirham gibt, um der Verschiedenheit der Meinungen der Gelehrten Rechnung zu tragen, so ist wohl nichts dagegen einzuwenden.

In einer Tradition heißt es: „Es gereicht der Frau zum Segen, wenn sie früh verheiratet wird, früh Kinder bekommt und das Brautgeld mäßig ist.“ Der Hochgebenedeite sagte auch: „Je geringer das Brautgeld, desto größer der Segen.“

Wie es von seiten der Frau verpönt[3] ist, ein hohes Brautgeld zu fordern, so ist es von seiten des Mannes verpönt, nach dem Vermögen der Braut zu fragen. Der Mann darf die Frau nicht aus Verlangen nach ihrem Gelde heiraten. So sagt [Sufyān al-Thaurī:

1) 10 Dirham als Minimum verlangt Abū Ḥanīfa, auch von ʿAlī wird ein dahin lautender Ausspruch angeführt. Die Mindestforderungen der übrigen Autoritäten bewegen sich zwischen 3 und 50 Dirham. (M.)

2) Es war ʿAbd al-Raḥmān b. ʿAuf; vgl. AL-BUKHĀRĪ, *kitab al-nikāḥ* nr. 7, 50, 54, 56 und sonst.

3) *makrūh* „zu mißbilligen, ungehörig“, nicht strikte verboten.

„Wenn einer heiratet und fragt: ‚Was hat die Frau?‘, so wisse, daß er ein Räuber ist.“ Und wenn er ihr[1] etwas schenkt, so darf er sie dadurch nicht nötigen wollen, ihn durch ein größeres Geschenk zu überbieten, und das Gleiche gilt für den Fall, daß die Angehörigen ihm ein Geschenk machen. Die Absicht, dabei zu profitieren, ist eine schlechte Absicht, so sehr sonst das gegenseitige Sichbeschenken empfohlen wird, weil es die Liebe fördert, entsprechend dem Ausspruch des Hochgebenedeiten: „Beschenket einander, so mehrt ihr die Liebe.“

Gegen das Streben nach Profit richtet sich das Gotteswort (Sūra 74, 6): „Und spende nicht, um zu mehren“, d. h. gib nicht in der Absicht, mehr zu bekommen, und das andere (Sūra 30, 39): „Und was ihr auf Zinsen (*ribā*) ausleiht, daß es sich mehre mit dem Gut der Menschen, [das soll sich nicht vermehren bei Gott]“; denn mit ribā ist Profit gemeint. Auch das eben Gerügte ist aber ein Streben nach Profit im weiteren Sinne, obgleich es sich nicht um Kapitalzinsen handelt. Alles das ist also beim Heiraten verpönt und als Neuerung anzusehen. Die Ehe wird dadurch einem Handel und Glücksspiel gleichgestellt und ihr eigentlicher Zweck vereitelt.

5. Fruchtbarkeit.

Fünftens soll die Frau fruchtbar sein. Wenn man von ihr weiß, daß sie unfruchtbar ist, so soll man sie nicht heiraten, entsprechend dem Ausspruch des Hochgebenedeiten: „Nehmt eine Fruchtbare, eine Liebende.“ Wenn sie noch keinen Mann gehabt hat und daher über ihre Fruchtbarkeit nichts bekannt ist, so soll man darauf sehen, daß sie gesund und jung ist, denn eine solche wird zumeist auch fruchtbar sein.

1) R. „ihnen“, d. h. ihren Angehörigen.

6. Jungfräulichkeit.

Sechstens soll sie Jungfrau sein, entsprechend den Worten des Hochgebenedeiten zu Jābir, der eine Deflorierte genommen hatte: „Warum keine Jungfrau, daß du mit ihr kosest und sie mit dir?“ [1]) Die Jungfräulichkeit hat drei Vorzüge:

Erstens, daß die Frau den Mann lieb gewinnt, mit ihm vertraut wird und so die ersten Eindrücke von dem, was Liebe heißt, empfängt. [2]) Darum sagt auch der Hochgebenedeite: „Nehmt eine Liebende.“ Die Natur fühlt sich eben am wohlsten bei dem, woran sie von Anfang an gewöhnt ist. Umgekehrt kann es leicht vorkommen, daß einer Frau, die schon andere Männer kennengelernt und verschiedene Verhältnisse erprobt hat, irgendeine Eigenschaft mißfällt, die nicht mit dem, was sie gewohnt ist, übereinstimmt, so daß sie gegen den Gatten eine Abneigung faßt.

Zweitens wird dieser Umstand der Frau in höherem Maße die Liebe[3]) des Mannes sichern, denn die Natur hat einen gewissen Widerwillen gegen eine solche, die schon ein anderer berührt hat, und sie empfindet den Gedanken daran als unangenehm. Indes sind die einen Naturen in dieser Hinsicht empfindlicher als die andern.

Drittens wird eine Frau nur nach dem ersten Mann seufzen[4]), und die erste Liebe ist zumeist auch die dauerndste.[5])

1) AL-BUKHĀRĪ, *Kitāb al-nikāḥ* nr. 10, 121, 122.
2) Zu lesen ist mit M.: *tu'aththar*; R.: *y'thr*.
3) M.: „Bewahrung“.
4) Eine Jungfrau wird also keine *ḥannāna* sein, vor der oben S. 91 gewarnt wird.
5) Die Vorzüge der Jungfrau und andererseits der *thaiyib* behandelt in seiner Art auch al-Ḥarīrī in der 43. Maqāme.

7. Gute Herkunft.

Siebentens soll sie eine *nasība* sein, d. h. aus einer frommen und braven Familie stammen, denn eine solche wird auch ihre Töchter und Söhne richtig erziehen; wenn sie aber selbst nicht erzogen ist, so kann sie auch andere nicht ordentlich erziehen. Deshalb sagt der Hochgebenedeite: „Nehmt euch in acht vor einem Mistgewächs.“ Als man ihn fragte, was er mit diesem Ausdruck meine, antwortete er: „Eine schöne Frau aus schlechtem Stamm.“ Ferner sagt der Hochgebenedeite: „Seid wählerisch mit eurem Samen, denn die Ader (der Mutter) schlägt immer durch.“[1]

8. Keine zu nahe Verwandtschaft.

Achtens soll die Frau nicht aus der „nahen Verwandtschaft“ sein, weil solches das sinnliche Begehren mindert. „Heiratet nicht die nahe Verwandtschaft“, sagt der Hochgebenedeite, „sonst ist eine schwächliche (*ḍāwī*) Nachkommenschaft zu erwarten;“ *ḍāwī* ist soviel wie *naḥīf* (mager, schwächlich). Der Grund liegt darin, daß dieser Umstand einen schwächenden Einfluß auf das sinnliche Begehren ausübt. Letzteres wird nämlich erregt durch Gesichts- und Tastempfindungen, diese sind aber besonders stark bei einem neuen und fremdartigen Objekt. Handelt es sich dagegen um einen gewohnten Gegenstand, den man schon längere Zeit vor Augen hatte, ist der Sinn so abgestumpft, daß er ihn nicht mehr

1) *al-ʿirq nazzāʿ* eigentlich „ziehend“, nämlich das Kind nach der Seite der Mutter; der Spruch wird auch überliefert mit den Varianten: *dassās* „eindringend“, *jassās* „aufspürend“. Manche wollen diesen Grundsatz auch auf die Wahl der Amme ausgedehnt wissen. (M.)

vollkommen erfassen und auf sich wirken lassen kann; infolge dessen wird auch die libido durch ihn nicht erregt.

Korollarium: Erfordernisse von seiten des Mannes.

Das sind also die von seiten der Frau geforderten Eigenschaften. Andererseits muß aber auch der Vertreter der Frau auf die Eigenschaften des Mannes ein Auge haben und dafür sorgen, daß er seinen Schützling nicht an einen Mann verheiratet, dessen Äußeres und Inneres zu wünschen übrig läßt, der es mit der Religion leicht nimmt, seine Pflichten der Frau gegenüber vernachlässigt oder an Abstammung hinter ihr zurücksteht. „Ehe ist Knechtschaft", sagt der hochgebenedeite Prophet, „es achte darum ein jeder darauf, wohin er seine Tochter gibt." Diese Vorsicht ist für die Frau besonders wichtig, weil sie sich durch die Verheiratung in eine Knechtschaft begibt, aus der es für sie keine Erlösung gibt, während der Mann sie jeden Augenblick entlassen kann. Wer daher seine Tochter einem brutalen Menschen, einem Sünder, Ketzer oder Weintrinker zur Frau gibt, der versündigt sich gegen seine Religion und zieht sich den Zorn Gottes d. A. zu, weil er durch eine so schlechte Wahl die Pflichten gegen seine Angehörigen verletzt.

Als den gottseligen Ḥasan [al-Baṣrī] ein Mann fragte, welchem der vielen Freier er seine Tochter geben solle, antwortete er: „Dem Gottesfürchtigsten, denn wenn dieser sie liebt, wird er sie in hohen Ehren halten, und wenn er sie nicht mag, wird er nicht brutal gegen sie sein."

Der Hochgebenedeite sagt: „Wer seine Tochter an einen Sünder verheiratet, der zerreißt das Band der Verwandtschaft mit ihr."

Drittes Kapitel.

Regeln für das eheliche Zusammenleben, über Vorkommnisse im Verlaufe der Ehe und die Pflichten von Mann und Frau.

I. Was der Mann zu beobachten hat.

ER HAT das richtige und durch die Sitte gebotene Verhalten zu beobachten in bezug auf folgende 12 Dinge.

1. Hochzeitsmahl, 2. Gutes Einvernehmen mit der Frau, 3. Zärtlichkeit, 4. Zucht, 5. Eifersucht, 6. Ausgaben für den Haushalt, 7. Unterweisung, 8. Gleichmäßige Behandlung (bei Polygamie), 9. Bestrafung der Widerspenstigkeit, 10. Beiwohnung, 11. Geburt von Kindern, 12. Ehescheidung.

1. Das Hochzeitsmahl.

1. Das Hochzeitsmahl ist eine anempfohlene fromme Übung (*mustaḥabb*). Der gottselige Anas erzählt: „Als einmal der hochgebenedeite Prophet an dem gottseligen ʿAbd al-Raḥmān b. ʿAuf[1]

1) Gest. 31 (652), einer der „zehn", denen vom Propheten das Paradies verheißen wurde. Vgl. *Enzykl. des Islam I*, 57.

einen Überrest von gelber Farbe[1] sah, fragte er ihn nach der Ursache. ‚Ich habe eine Frau genommen', antwortete dieser, ‚für ein Goldstückchen im Gewicht eines Dattelkerns.'

‚Gott segne dich', entgegnete der Prophet, halte aber auch ein Hochzeitsmahl und wäre es nur mit einem Schaf'."[2] Auch der hochgebenedeite Gottgesandte hielt, als er die Ṣafīya, heiratete, ein Mahl mit Feinmehl und Datteln.

Der Hochgebenedeite sagt: „Die Speisung am ersten Tage ist Pflicht, die am zweiten Sunna und die am dritten *sum'a* (Großtun, eigentlich „Hörenlassen"). Wer aber von sich hören läßt, von dem wird Gott hören lassen."[3] Diese Tradition geht indes nur auf Ziyād b. 'Abdallāh[4] zurück und gilt als „fremdartig".

Als eine fromme Übung gilt auch die Beglückwünschung des Bräutigams, und zwar sagt der Besuchende: „Gott segne dich"[5] oder „er segne dich und lasse eure Verbindung eine gute werden."[6] Auch der gottselige Abū Huraira berichtet, daß der Hochgebenedeite diese Vorschrift gegeben habe.

Man soll ferner die Heirat öffentlich bekannt machen gemäß den Worten des Hochgebenedeiten: „Der Unterschied von

1) Er hatte sich mit *khalūq* parfümiert.

2) Öfters bei AL-BUKHĀRĪ, z. B. *kitab al-buyū'* nr. 1, *Kit. al-nikāḥ* nr. 68.

3) D. h. Gott wird am jüngsten Tage seine wirkliche Gesinnung den Menschen kundtun und ihn der Verachtung preisgeben. *sum'a* ist das Gegenstück zu *riyā'*; letzteres bedeutet „von anderen gesehen werden, ihnen durch unser Tun imponieren wollen", *sum'a* dagegen „von anderen gehört werden, ihnen durch unsere Rede imponieren wollen". Nach dem *Dictionary of technical terms* (ed. Sprenger) I, 675 wird *riyā'* auch im weiteren Sinne für *sum'a* gebraucht. Zur Tradition selbst vgl. Lane 1428 a.

4) Traditionarier aus Kūfa, gest. ebenda 183 (799).

5) Vgl. die vorhergehende Tradition S. 106.

6) Dagegen gilt der Glückwunsch aus der „Heidenzeit": „Eintracht und Söhne" (*bi-l-rifā' wa-l-banīn*) als verwerflich. (M.)

erlaubt und verboten werde kund durch Trommeln und Menschenstimmen."

Der hochgebenedeite Gottgesandte sagt ferner: „Macht diese Heirat bekannt, verkündet sie in den Moscheen und schlagt für sie die Trommeln."

Wie al-Rubbaiyiʿ, die Tochter des Muʿawwidh,[1] berichtet, besuchte sie der hochgebenedeite Prophet am Morgen nach ihrer Hochzeit und setzte sich auf ihr Bett, während die Mädchen die Trommel schlugen und ihre im Kampfe gefallenen Vorfahren priesen. Als nun eines der Mädchen rief: „Und bei uns ist ein Prophet, der weiß, was uns die Zukunft bringt", entgegnete dieser: „Laß diese Reden und fahre in deinem Vortrag fort."

2. Gutes Einvernehmen mit der Frau.

Das zweite ist die gute Behandlung der Frauen und die Ertragung mancher Widerwärtigkeiten von ihnen aus Nachsicht gegen sie wegen ihres schwachen Verstandes. „Verkehrt mit ihnen, wie es sich gehört", sagt Gott d. A. (Sūra 4, 19), und um die schweren Pflichten gegen sie einzuschärfen, fügt er hinzu (Sūra 4, 21): „Und sie empfingen von euch ein schweres Gelöbnis."

Auch mit dem „Genossen zur Seite" (Sūra 4, 36) ist nach manchen Erklärern die Frau gemeint.

Die letzten Weisungen des hochgebenedeiten Gottgesandten betrafen drei Dinge, von denen er redete, bis seine Zunge stammelte und seine Rede unvernehmbar wurde. Er begann zu sprechen: „Das Gebet, das Gebet! ...[2] Die in eure Hand gegeben sind, legt ihnen nicht auf, was sie nicht tragen können ... Allāh,

1) Vgl. IBN SAʿD, *Ṭabaqāt VIII*, 327 f. und AL-BUKHĀRĪ, *Kitāb al-nikāḥ* nr. 49.
2) D. h. haltet hoch das Gebetsoffizium.

Allāh ... [1] was die Frauen betrifft, sie sind Gefangene (*ʿawān*) in eurer Hand – *ʿawān* ist soviel wie *asrā* –, die ihr durch Gottesvertrag [2] empfangen habt, deren Schoß euch durch Gottes Wort verstattet ist."

Der Hochgebenedeite sagt auch: „Wer den schlechten Charakter seiner Frau geduldig erträgt, den belohnt Gott auf dieselbe Weise, wie er Hiob für seine Prüfung belohnt hat, und die Frau, welche den schlechten Charakter ihres Mannes geduldig erträgt, empfängt von ihm dieselbe Belohnung wie Āsiya, die Frau Pharaos."[3]

Das gute Betragen gegen die Frau besteht nicht nur darin, alles Übel von ihr fernzuhalten, sondern auch das Üble von ihr zu ertragen und die Besonnenheit (*ḥilm*) zu bewahren, wenn sie unbesonnen und aufgebracht ist, so wie der hochgebenedeite Gottgesandte handelte, als seine Frauen sich gegen ihn in der Rede widersetzlich zeigten und eine von ihnen einen Tag lang sich von ihm fernhielt.

Als dem gottseligen ʿUmar seine Frau Widerspruch leistete und er sie anfuhr: „Du willst mir widersprechen, du Elende", entgegnete sie: „Auch dem hochgebenedeiten Gottgesandten widersprachen [4] seine Frauen, und er ist etwas Besseres als du." „Das war unrecht und ungehörig von der Ḥafṣa" [5], erwiderte ʿUmar,

1) D. h. fürchtet Allāh.

2) R. *bi-amānat Allāh*, M. *bi-ʿahd Allāh*.

3) Sie soll Israelitin gewesen sein und von Pharao sehr viel auszustehen gehabt haben. Im Koran, wo sie zweimal (28, 9; 66, 11, aber ohne Namen) erwähnt wird, spielt sie dieselbe Rolle wie in der Bibel die Tochter Pharaos, so daß offenbar eine Verwechslung vorliegt. Vgl. *Enzykl. des Islam I*, 506.

4) R. „widersprechen".

5) Ḥafṣa war die Tochter des Kalifen ʿUmar und in zweiter Ehe mit dem Propheten verheiratet. Einmal wurde sie von diesem verstoßen, aber auf die

„wenn sie ihm widersprochen hat." Zur Ḥafṣa sagte er dann: „Sei nicht eifersüchtig auf die Tochter des Sohnes von Abū Qufāḥa[1]), sie ist der Liebling des hochgebenedeiten Gottgesandten." Und er verwarnte sie, ihm ja nicht mehr zu widersprechen.

Es wird auch berichtet, daß eine von den Frauen des hochgebenedeiten Gottgesandten ihn vor die Brust stieß. Als deren Mutter sie darob schalt, sagte der Hochgebenedeite: „Laß sie, sie tun noch Schlimmeres als das."

Als er einmal mit ʿĀ'isha sich entzweit hatte, riefen sie beide den gottseligen Abū Bakr als Schiedsrichter an, und dieser forderte den Propheten auf, seine Sache vorzubringen. „Willst du zuerst reden", fragte sie der hochgebenedeite Gottgesandte, „oder soll ich es tun?" „Nein, rede du zuerst", erwiderte sie, „aber rede nur die Wahrheit." Da versetzte ihr der gottselige Abū Bakr einen Schlag, daß ihr der Mund blutete, und sagte: „Du Feindchen deiner selbst,[2]) spricht er denn je die Unwahrheit?" Nun suchte sie Zuflucht beim hochgebenedeiten Gottgesandten und duckte sich hinter seinen Rücken. Der hochgebenedeite Prophet aber meinte [zu Abū Bakr]. „Dazu haben wir dich nicht geholt und das haben wir nicht von dir gewollt."

Einmal war sie so gegen ihn aufgebracht, daß sie rief: „Du willst der Prophet Gottes sein?" Da lachte der hochgebenedeite Gottgesandte und ertrug milde und großmütig diese Rede.

Fürsprache des Engels Gabriel wieder zu Gnaden angenommen. Vgl. IBN SAʿD, *Ṭabaqāt VIII*, 56 ff. Die hier erwähnte Geschichte ausführlich bei AL-BUKHĀRĪ, *Kit. XLVI* nr. 25, ed. Krehl II, 103 ff.

1) Gemeint ist ʿĀ'isha, die Tochter des Abū Bakr, dessen Vater ʿUthmān den Beinamen Abū Qufāḥa führte.

2) *yā ʿudaiyat* (*Qūt II*, 235, 5: *ʿadūwat* „Feindin") *nafsihā*; zur Ausdrucksweise vgl. Brockelmann, *Grundriß der vergl. Grammatik der sem. Sprachen*, *II*, 590 Anm.

Einmal sagte er zu ihr: „Ich merke, wenn du gegen mich aufgebracht und wenn du mir gewogen bist.“ „Woran merkst du das?“ fragte sie. „Wenn da mir gewogen bist“, erwiderte er, „so sagst du: „Nein, beim Gott Muḥammeds.‘ Bist du aber gegen mich aufgebracht, so sagst du: ‚Nein, beim Gott Abrahams.‘“ „So ist es“, entgegnete sie, „ich vermeide nur deinen Namen.“[1)]

Es heißt, die erste Liebe im Islam[2)] sei die des hochgebenedeiten Propheten zur gottseligen ʿĀ’isha gewesen, und er selbst sagte öfters zu ihr: „Ich bin gegen dich wie Abū Zarʿ zu Umm Zarʿ, nur daß ich dich nicht verstoße.“[3)] Er sagte auch zu seinen Frauen: „Laßt mich in Ruhe wegen der ʿĀ’isha, denn, bei Gott, nur in ihren Decken und in denen keiner andern von euch habe ich eine Offenbarung empfangen.“[4)]

Der gottselige Anas sagt: „Kein Mensch war liebevoller gegen Frauen und Kinder als der hochgebenedeite Gottgesandte.“

1) „Aber mein Herz läßt niemals von dir“; so nach den Erklärern, die die Feinheit dieser Antwort nicht genug zu rühmen wissen; vgl. AL-BUKHĀRĪ, *Kitāb al-nikāḥ* nr. 108.

2) Gemeint ist nach den Erklärern „in Medina“, da die Liebe des Propheten zur Khadīja keinem Zweifel unterliege.

3) M. hat hier nichts zu bemerken. Es handelt sich offenbar um ein sprichwörtlich gewordenes Ehepaar. Man sehe den merkwürdigen Bericht der ʿĀ’isha bei AL-BUKHĀRĪ, *kitab al-nikāḥ* nr. 81, wo elf Frauen mit allerlei seltsamen Vergleichen ihre Männer schildern. Als elfte tritt eben Umm Zarʿ auf, die in den höchsten Tönen ihren Abū Zarʿ preist, der sie aber doch entlassen hatte, als er eine andere sah, die ihm besser gefiel.

4) Vgl. oben S. 79 Anm. 2.

3. Zärtlichkeit.

Der Mann soll nicht nur das Unangenehme von den Frauen ertragen, sondern auch mit ihnen scherzen, kosen und tändeln, denn solches haben die Frauen gern. Auch der hochgebenedeite Gottgesandte pflegte manchmal mit seinen Frauen zu scherzen und in seinem Tun und Gebaren auf ihr geistiges Niveau herabzusteigen. So wird berichtet, daß der Hochgebenedeite öfters mit ʿĀʾisha um die Wette lief, den einen Tag überholte sie ihn, den andern Tag überholte er sie. Er sagte dann: „Wettgemacht.“ [1)]

In der Tradition heißt es, kein Mensch habe so viel Scherz mit seinen Frauen getrieben wie der Hochgebenedeite.

Die gottselige ʿĀʾisha erzählt: „Ich hörte einmal – es war am ʿĀshūrā-Tag [2)] – die Stimmen von Abessiniern und anderen Leuten, welche Vorstellungen gaben. „Willst du ihr Spiel ansehen?“ fragte mich der hochgebenedeite Gottgesandte. Als ich die Frage bejahte, ließ er sie heranholen. Der hochgebenedeite Gottgesandte stand zwischen den beiden Türflügeln, legte die eine Hand auf die Tür, und die andere streckte er aus und faßte mich unter das Kinn. [3)] Sie fingen an zu spielen, und ich sah zu. Nach einer Weile sagte der hochgebenedeite Gottgesandte: „Genug jetzt.“ Zwei oder dreimal sagte ich darauf: „Sei still.“ Als er nochmals sagte: „Genug jetzt, ʿĀʾisha“, erwiderte ich: „Jawohl.“ Dann gab er ihnen einen Wink, und sie zogen ab. [4)]

1) Wörtlich: „Dieses für jenes.“

2) Der 10. Muḥarram, ein freiwilliger Fasttag. Vgl. *Enzykl. des Islam I*, 504.

3) R. „Ich legte mein Kinn auf seine Hand.“

4) Die Geschichte mit einigen Abweichungen auch bei AL-BUKHĀRĪ an mehreren Stellen.

Der Hochgebenedeite sagt auch: „Den vollkommensten Glauben besitzt derjenige, der sich am liebevollsten gegen seine Frau benimmt."

Ferner sagt er: „Die besten von euch sind diejenigen, die ihre Frauen am besten behandeln, und ich behandle meine Frauen am besten von euch allen."

Der gottselige ʿUmar, der doch eine ganz rücksichtslose Natur war, sagt: „Zuhause muß der Mann sich wie ein Kind betragen, wenn man sich aber an seinem eigensten vergreift, soll er sich als Mann zeigen."

Auch der gottselige[1] Luqmān sagt: „Zuhause soll der Mann sich wie ein Kind betragen, unter andern Leuten aber soll er sich als ein Mann zeigen."

In dem vom Propheten überlieferten Ausspruch: „Gott haßt *al-jaʿẓarī al-jawwāẓ*" werden diese Ausdrücke erklärt als „hart gegen seine Familie und von eingebildetem Stolz".

Auch das Wort *ʿutull* (Sūra 68, 13) wird von einigen erklärt als ein Mensch von roher Gesinnung und roher Ausdrucksweise gegen seine Frau.

Zu Jābir sagte der Hochgebenedeite. „Warum keine Jungfrau, daß du mit ihr kosest und sie mit dir?"[2]

Eine Beduinenfrau schilderte ihren verstorbenen Mann mit folgenden Worten: „Bei Gott, er war ein Lacher, wenn er heim kam, und ein Schweiger, wenn er draußen war. Er aß, was er vorfand, und fragte nicht nach dem, was fehlte."

1) Fehlt bei M.

2) Vgl. oben S. 101.

4. Zucht.

Wenn der Mann mit der Frau scherzen, sie gut und entgegenkommend behandeln und ihren Wünschen Rechnung tragen soll, so darf er andererseits doch nicht soweit gehen, daß er ihren Charakter verdirbt und bei ihr alle Achtung verliert. Er muß vielmehr hierin das richtige Maß einhalten und darf den Ernst und die Strenge nicht außer acht lassen, wenn er etwas Ungehöriges sieht, und sich nicht die geringste Mitwirkung bei etwas derartigem zu schulden kommen lassen. Vielmehr muß er, wenn er etwas bemerkt, das gegen das Gesetz und die gute Sitte verstößt, erbosen und ergrimmen.[1]

Ḥasan [al-Baṣrī] sagt: „Wer seiner Frau in dem, was sie begehrt, zu Willen ist, den stürzt Gott in die Hölle."

Der gottselige ʿUmar sagt: „Tut das Gegenteil von dem, was die Frauen wünschen, darin liegt Segen."

Es heißt auch: „Fragt die Frauen um Rat, aber befolget ihn nicht."[2]

Ein Ausspruch des Hochgebenedeiten lautet: „Verflucht sei der Sklave des Weibes." Er meinte damit, daß derjenige, der ihren Launen willfährt, ihr Sklave wird und zu Fall kommt. Gott hat nämlich die Frau in die Hand des Mannes gegeben; ein solcher aber gibt sich in die Hand der Frau, er verkehrt damit die Ord-

1) *tanammara wa-ntafaḍa*, das erste Wort wird vom Panther, das zweite vom Löwen gebraucht.

2) Nach M. eine bekannte Lebensregel, aber keine Tradition. Doch wird dem Anas folgende Tradition zugeschrieben: „Niemand unternehme etwas, ohne zuvor um Rat zu fragen. Findet er keinen anderen Ratgeber, so befrage er seine Frau, tue aber dann das Gegenteil. Darin liegt Segen."

nung und stellt die Dinge auf den Kopf. Er gehorcht dem Teufel, wie es im Koran heißt (Sūra 4, 119): Und ich will ihnen befehlen, die Schöpfung Gottes zu verändern." Denn dem Mann kommt es zu, Führer zu sein und nicht, geführt zu werden. Darum nennt Gott d. A. (Sūra 4, 34) die Männer „über den Frauen stehend (*qawwāmīn*)" und den Ehemann den Herrn, wenn er sagt (Sūra 12, 25): „Und sie fanden beide[1] ihren Herrn (*saiyidahā*) an der Türe." Wenn aber der Herr zum Sklaven wird, „so verkehrt ein solcher die Wohltat Gottes in Undankbarkeit" (Sūra 14, 28). Die Natur der Frau ist wie deine eigene böse Natur: Läßt du ihr ein wenig die Zügel los, so geht sie mit dir eine weite Strecke durch, und lockerst du ihren Zaum um eine Spanne, so zieht sie dich fort eine Elle; hältst du sie aber fest am Zügel und ziehst ihn kräftig an, wie sich's gehört, so hast du sie in deiner Gewalt.

Der gottselige Shāfi'ī sagt: „Drei gibt es, die dich geringschätzig behandeln, wenn du sie respektierst, und die dich respektieren, wenn du sie geringschätzig behandelst: die Frau, der Lohndiener und der Bauer." Er meinte damit, man dürfe sie nicht ausschließlich fein behandeln, sondern man solle wohl milde und human gegen sie sein, aber auch manchmal dreinfahren[2] und ihnen die rauhe Seite zeigen.

Die arabischen Frauen pflegten ihren Töchtern folgende Anweisung zu geben, ihren Mann zu erproben. „Bevor du dir etwas gegen deinen Mann herausnimmst", belehrte die Mutter ihre Tochter, „stelle ihn zuvor auf die Probe." Zuerst ziehe das Eisen[3] aus seinem Lanzenschaft heraus; sagt er dazu nichts, so

1) Es ist die Rede von Joseph und Putiphars Weib.

2) M.: *ghaḍab*, R.: *ghalẓ* (*ghilaẓ*).

3) *zujj* ist das spitze Eisenstück am Schaft, womit dieser im Boden festgesteckt wird, im Gegensatz zur Lanzenspitze (*sinān*).

benütze seinen Schild, das Fleisch darauf zu schneiden; schweigt er auch dazu, so nimm sein Schwert und haue damit die Knochen durch; erträgt er auch das noch geduldig, so lege ihm einen Sattel auf den Rücken und setze dich darauf, denn er ist nichts weiter als dein Esel."

Es ist ein allgemeiner Grundsatz,[1] daß durch das rechte Maß Himmel und Erde bestehen und daß alles, was das Maß überschreitet, in sein Gegenteil umschlägt. So soll man im Zuwiderhandeln und Willfahren die goldene Mitte einhalten und in allem das Rechte tun, um dem von den Weibern drohenden Unheil zu entgehen. Denn „ihre List ist groß" (Sūra 12, 28) und ihre üblen Seiten sind allbekannt. Die Mehrzahl der Frauen ist von schlechtem Charakter und schwachem Verstand, und man wird mit ihnen nur zurechtkommen durch Milde, gepaart mit straffer Zucht.

Der Hochgebenedeite sagt: „Eine gute Frau ist unter den Weibern so selten wie ein weißer Rabe (*al-ghurāb al-aʿṣam*) unter zweihundert andern"; *aʿṣam* bedeutet „mit weißem Bauch".

Eine Mahnung Luqmāns an seinen Sohn lautet: „Mein lieber Sohn, hüte dich vor einer schlechten Frau, sie bringt dir weiße Haare vor der Zeit, und hüte dich vor den bösen Weibern, denn bei ihnen ist nichts Gutes zu holen, und nimm dich auch vor den besten unter ihnen in acht." In demselben Sinne sagt der Hochgebenedeite: „Bittet Gott um Hilfe vor drei Dingen, die euch das Rückgrat brechen." Als eines von ihnen nannte er auch die schlechte Frau, die ihren Mann vorzeitig ergrauen macht. In einer anderen Fassung heißt es: „Wenn du zu ihr kommst,[2] verunglimpft sie dich, und bist du fort, so verrät sie dich."

1) Das Prinzip von der goldenen Mitte wird auch dem Propheten in den Mund gelegt.

2) M. „wenn sie zu dir kommt".

Der Hochgebenedeite sagte von den besten Frauen: „Ihr seid Verführerinnen Josephs."[1] Er wollte damit sagen: Wenn ihr den Abū Bakr hindert, das Gebet zu leiten, so ist das eine Verletzung der Pflicht und ein Nachgeben gegenüber der sinnlichen Neigung.

Gott d. A. sprach, als die Frauen des hochgebenedeiten Gottgesandten ein Geheimnis von ihm verraten hatten:[2] „Wenn ihr

1) *ṣawāḥibāt* Yūsuf, wörtlich „Genossinnen des Joseph", d. h. ihr handelt wie Putiphars Weib. Gemeint war damit, trotz des Plurals der Form, ʻĀ'isha. Der Prophet befahl ihr in seiner letzten Krankheit (der Bericht steht bei AL-BUKHĀRĪ, *Kit. X* nr. 39, ed. Krehl I, 172 und IBN HISHĀM, *Sīra*, S. 1008), zu ihrem Vater Abū Bakr zu gehen und ihm zu sagen, er möge an seiner Stelle das Gebet leiten. Sie wandte dagegen ein, daß Abū Bakr eine zu weiche Natur sei, so daß ihm die Stimme versagen könnte. Der Prophet wiederholte seinen Befehl, aber ʻĀ'isha blieb bei ihrem Einwand, worauf er jenen Ausdruck gebrauchte. Nach M. besteht die Ähnlichkeit zwischen der Handlungsweise ʻĀ'ishas und der von Putiphars Weib darin, daß letztere bei der Einladung ihrer Freundinnen (Sūra 12) eine Nebenabsicht hatte, nämlich ihnen die Schönheit Josephs zu zeigen und damit ihr späteres Vergeben zu entschuldigen, und daß ʻĀ'isha die Nebenabsicht hatte, ihren Vater nicht an Stelle des erkrankten Propheten das Gebet leiten zu lassen, weil ihm solches von der Gemeinde übel ausgelegt werden könnte. Diese Erklärung ist offenbar zu weit hergeholt und zu ausgeklügelt, als daß sie richtig sein könnte. – Der Ausdruck auch mehrmals bei IBN SAʻD, vgl. *Zeitschr. d. Deutschen Morgenl. Gesellsch.* 59 (1905), S. 386 u. 452. Aus *Kit. al-aghānī VIII*, 43, wo eine sehr schlagfertige Frau ihn in bonam partem [beträchtlich (zu einem Gutteil)] zu wenden sucht, dürfen wir entnehmen, daß er sprichwörtlich geworden war.

2) Die Worte beziehen sich nach der gewöhnlichen Erklärung auf folgendes Vorkommnis: Als einmal Ḥafṣa bei ihren Eltern zu Besuch war, überraschte sie bei ihrer Rückkehr in ihrer Wohnung den Propheten mit Māria, einer ihm vom ägyptischen Statthalter geschenkten koptischen Sklavin, noch dazu an einem Tag, an dem sie oder ʻĀ'isha an der Reihe sein sollte. Sie war darob so aufgebracht, daß der Prophet ihr unter einem Eide versprach, die Māria nie wieder zu berühren, wogegen sie ihm geloben mußte, über den Vorfall

beiden euch zu Gott bekehrt, da eure Herzen abgewichen sind (*ṣaghat*)" – *ṣaghat* ist soviel wie *mālat* –; und diese Worte bezogen sich auf die besten seiner Frauen.[1]

Der Hochgebenedeite sagt: „Mit Leuten, die sich von einem Weibe beherrschen lassen, ist nicht viel los."

Als dem gottseligen ʿUmar einmal seine Frau Widerspruch leistete, schalt er sie mit den Worten: „Du bist nur ein Spielzeug neben dem Haus. Wenn wir dich brauchen, holen wir dich heran; wenn nicht, so bleibst du, wo du bist."

Bei den Frauen findet sich also Bosheit und Beschränktheit. Die Bosheit muß mit Zucht und Strenge, die Beschränktheit hingegen mit Güte und Nachsicht behandelt werden. Ein tüchtiger Arzt ist derjenige, welcher die Behandlung der jeweiligen Krankheit anzupassen weiß. So soll auch der Mann zuerst den Charakter der Frau genau erkennen und sie dann so behandeln, wie es ihrem Zustand angemessen ist.

5. Eifersucht.

Hier handelt es sich darum, das rechte Maß einzuhalten. Der Mann soll einerseits die unscheinbaren Anfänge, die zu Unheil führen könnten, nicht übersehen, andererseits aber auch nicht

stillzuschweigen. Sie plauderte aber der ʿĀ'isha die Sache aus, und zur Strafe hielt der Prophet sich von seinen Frauen einen Monat lang fern. Die Folge war die Offenbarung von Sūra 66, die ihn seines Eides entbindet. – Nach einem anderen, wenig wahrscheinlichen Bericht soll Ḥafṣa (oder Zainab) dem Propheten öfters Honig vorgesetzt haben, so daß er länger als üblich bei ihr verweilte. Da hätten die übrigen Frauen auf Anstiften der ʿĀ'isha ein Komplott geschmiedet, um ihm den Honig zu verleiden. Letztere Version bei AL-BUKHĀRĪ, *Kitāb al-ṭalāq* nr. 8.

1) ʿĀ'isha und Ḥafṣa.

zu argwöhnisch sein und die Frau nicht schikanieren und in verletzender Weise ausspionieren.[1]

Der hochgebenedeite Gottgesandte hat verboten, den Blößen der Frauen nachzuspüren oder, nach einem andern Ausdruck, die Frauen zu schikanieren.[2]

Als der hochgebenedeite Gottgesandte von einer Reise[3] nach Medina heimkehrte, verbot er vor seinem Einzug in Medina, die Frauen noch in der Nacht aufzusuchen. Zwei Männer, die sein Verbot übertraten und es doch taten, sahen in ihrem Hause Dinge, die ihnen nicht gefielen.

Eine bekannte Tradition lautet: Die Frau ist wie eine Rippe. Willst du sie gerade biegen, so zerbrichst du sie; darum bediene dich ihrer, wenn sie auch krumm ist."[4] Dieser Grundsatz ist bei der Erziehung des Charakters der Frauen zu beachten.

Der Hochgebenedeite sagt: „Es gibt eine Eifersucht, die Gott haßt, nämlich die Eifersucht des Mannes gegen seine Frau ohne Verdachtsgrund." Solches ist Argwohn, den wir vermeiden müssen, denn „ein gewisser Argwohn ist Sünde" (Sūra 49, 12). Und der gottselige ʿAlī sagt: „Sei nicht allzu eifersüchtig auf deine Frau, damit sie deinetwegen nicht ins Gerede komme."

Es gibt aber auch eine Eifersucht, die an ihrem Platze ist; sie ist notwendig und etwas Löbliches. So sagt der hochgebenedeite Gottgesandte: „Gott d. A. ist eifersüchtig[5] und der Gläubige ist

1) M.: *takhshīn*, R.: *tajassus*.

2) R.: *tubghat* „zu überraschen".

3) Gemeint ist die Expedition gegen Tabūk im Jahre 9 (630). (M.) Vgl. AL-BUKHĀRĪ, *Kitāb al-maghāzī* nr. 120.

4) AL-BUKHĀRĪ, *Kitāb al-nikāḥ* nr. 79, 80. Hier geht noch voraus: „Sie sind aus einer Rippe geschaffen."

5) Vgl. AL-BUKHĀRĪ, *ibid.* nr. 107.

eifersüchtig; die Eifersucht Gottes bezieht sich darauf, daß der Mensch etwas begehen könnte, was er ihm verboten hat."

Ferner sagt der Hochgebenedeite: „Wundert euch nicht über die Eifersucht des Sa'd [b. 'Ubāda][1], ich bin noch eifersüchtiger als er, und Gott ist noch eifersüchtiger als ich. Der Eifersucht wegen hat Gott alles Sündhafte verboten, das äußere sowohl als auch das innere. Niemand ist aber auch mehr zum Verzeihen geneigt als Gott d. A. Darum sandte er die Mahner und Freudenboten (Evangelisten), und niemand ist mehr für Lobpreis[2] empfänglich als Gott d. A., darum hat er das Paradies verheißen.

Der hochgebenedeite Gottgesandte erzählte einmal: „Ich sah im Paradies[3] ein Schloß und darin ein junges Mädchen. Auf die Frage, wem das Schloß gehöre, antwortete man mir, ‚dem 'Umar'. Ich wollte nun das Mädchen ansehen, da fiel mir aber ein, wie eifersüchtig du bist, 'Umar." Da weinte der gottselige 'Umar und sagte: „Auf dich sollte ich eifersüchtig sein, Gottgesandter?"[4]

Al-Ḥasan [al-Baṣrī] pflegte zu sagen: „Laßt ihr eure Frauen auf dem Markt sich durch fremdes Gesindel drängen? Gott strafe den, der keine Eifersucht besitzt."

Der Hochgebenedeite sagt: „Es gibt eine Eifersucht, die Gott liebt, und eine solche, die er haßt; ebenso gibt es einen Stolz, den Gott liebt, und einen, den er haßt. Die Eifersucht, die Gott liebt, ist jene, die auf einem Verdachtsmoment beruht, und die Eifersucht, die er haßt, ist jene, die ganz unbegründet ist. Und

1) Gest. 15 (636), angeblich von den Jinn getötet. Von seiner Eifersucht meldet aber IBN SA'D II, 142 ff. nichts.

2) Im Text: *'afw* „Verzeihung", bei al-Bukhārī aber (nach M.) *madḥ*, das besser zum Zusammenhang paßt.

3) Verschiedene Exemplare haben den Zusatz: „in der Nacht, da ich zum Himmel fuhr". (M.)

4) AL-BUKHĀRĪ, *Kit. al-nikāḥ* nr. 104.

der Stolz, den Gott liebt, ist der Stolz eines Mannes auf einen Kampf und auf seinen „ersten[1] Zusammenstoß", und der Stolz, den er haßt, ist der eitle Stolz."

Ferner sagt der Hochgebenedeite: „Ich bin eifersüchtig, und es gibt keinen Mann, der nicht eifersüchtig wäre, außer er ist abnorm von Natur."[2]

Das Mittel gegen die Eifersucht besteht darin, daß kein Mann eine Frau besucht und daß sie selbst nicht ins Freie geht.

Als der hochgebenedeite Gottgesandte seine Tochter, die gottselige[3] Fāṭima, fragte, was das Beste für eine Frau sei, antwortete sie: „Daß sie keinen Mann sieht und von keinem gesehen wird." Da drückte er sie an sich und meinte: „Daran erkenne ich meine Tochter!"[4], so sehr gefiel ihm ihre Antwort.

Die Genossen des hochgebenedeiten Gottgesandten pflegten die Fensteröffnungen an den Wänden zu verstopfen, damit die Frauen nicht die Männer beobachten könnten. Als Mu'ādh b. Jabal einmal seine Frau zum Fenster herausblicken sah, schlug er sie; dasselbe tat er, als er einmal bemerkte, wie sie einem ihrer Sklaven einen Apfel gab, von dem sie schon einen Teil gegessen hatte.[5]

Der gottselige 'Umar sagt: „Zieht den Frauen ihre Kleider aus,[6] dann bleiben sie zwischen ihren vier Wänden. Er wollte damit sagen, daß sie keine Lust haben, in einem schäbigen Aufzug auszugehen.

1) *ūlā* fehlt versehentlich bei R. Vgl. AL-BUKHĀRĪ, *Kit.* XXIII nr. 1.

2) *mankūs al-qalb* wird von M. erklärt als *dayyūth* (geduldiger Hahnrei) oder *mukhannath* (Zwitter).

3) R.: „die gebenedeite".

4) Das ist doch wohl der Sinn von: *dhurrīya ba'ḍuhā min ba'ḍ.*

5) Vgl. IBN SA'D III, 2, S. 123.

6) D. h. nehmt ihnen die Kleider weg, in denen sie Staat machen können.

Ein anderer Ausspruch von ihm lautet: „Gewöhnt die Frauen an das ‚Nein'!"

Der hochgebenedeite Gottgesandte hatte den Frauen erlaubt, die Moscheen zu besuchen.[1] Gegenwärtig ist es aber besser, es nur den alten Frauen zu gestatten, den übrigen aber es zu untersagen. Das wäre sogar schon in der Zeit der Genossen angebracht gewesen. Sagt doch die gottselige ʻĀ'isha: „Wüßte der hochgebenedeite Prophet, was die Frauen[2] anstellen, so würde er ihnen das Ausgehen verbieten."

Als einmal der gottselige ʻUmar den Ausspruch des hochgebenedeiten Propheten berichtete: „Verbietet den Mägden Gottes nicht die Moscheen",[3] da entgegnete sein Sohn: „Nein, wir verbieten sie ihnen." ʻUmar geriet darüber so in Zorn, daß er ihm einen Schlag versetzte mit den Worten: „Du hörst, daß ich sage, der hochgebenedeite Gottgesandte habe gesagt: ‚Verbietet nicht', und du entgegnest: ‚Nein'." Sein Sohn hatte aber nur deswegen zu widersprechen gewagt, weil er wußte, daß die Zeiten sich verschlimmert hatten. Andererseits wurde ʻUmar nur deswegen gegen ihn so aufgebracht, weil er seinen Widerspruch ganz offen und ohne die Äußerung einer Entschuldigung kundgegeben hatte.

So hatte der hochgebenedeite Prophet den Frauen erlaubt, zu bestimmten Festen auszugehen, aber sie gingen nur mit Erlaubnis ihrer Männer aus. Auch gegenwärtig ist es einer ehrbaren Frau erlaubt, mit Einwilligung ihres Mannes auszugehen, sicherer aber ist es, wenn sie zuhause bleibt. Auch soll sie nicht ohne wichtigen Grund ausgehen, denn auszugehen, nur um etwas zu sehen und

1) Es handelt sich um den Besuch der Moscheen zur Nachtzeit. (M.)

2) R. hat noch *baʻdahu*: „hinter seinem Rücken".

3) AL-BUKHĀRĪ hat noch „in die Moscheen", MUSLIM „in die Moschee". (M)

ohne gewichtigen Grund, schadet dem Ansehen und hat manchmal üble Folgen. Wenn sie aber ausgeht, muß sie vor den Männern die Augen niederschlagen. Damit meinen wir nicht, daß das Gesicht des Mannes für die Frau in demselben Sinne „Blöße" sei wie das Gesicht der Frau für den Mann. Vielmehr ist das Gesicht des Mannes für die Frau wie das Gesicht des unbärtigen Jünglings für den Mann, dessen Anblick für diesen nur dann verboten ist, wenn für ihn darin eine sittliche Gefahr liegt,[1] sonst aber nicht. Die Männer gingen ja von jeher mit unverhülltem Gesicht, die Frauen hingegen verschleiert. Wäre aber das Gesicht des Mannes für die Frauen „Blöße", so müßten auch die Männer den Schleier tragen, oder man müßte den Frauen das Ausgehen überhaupt verbieten außer für den Notfall.

6. Ausgaben für den Haushalt.

Das sechste ist das richtige Maß im Aufwand für die Frau. Der Mann soll weder knauserig noch verschwenderisch sein, sondern das richtige Maß innehalten, entsprechend dem Gotteswort (Sūra 7, 31): „Esset und trinkt, aber schweifet nicht aus!" und dem anderen (Sūra 17, 29): „Laß deine Hand nicht an deinen Hals gefesselt sein, aber strecke sie auch nicht gar zu weit aus!"

Der Hochgebenedeite sagt: „Der ist der beste unter euch, der gegen seine Frau der beste ist." Ferner sagt er: „Angenommen du gibst einen Dīnār aus für den heiligen Krieg, einen Dīnār zum

1) Es wird erzählt, daß unter den Abgesandten, die der Stamm ʿAbd Qais an Muḥammed zur Huldigung sandte, auch ein auffallend schöner Jüngling war. Der Prophet ließ diesen hinter sich sitzen mit den Worten: „Ich fürchte, es könnte mir mit ihm dasselbe begegnen, was meinem Bruder David begegnet ist." (M.)

Loskauf eines Sklaven, einen Dīnār als Almosen für einen Armen und einen Dīnār für deine Frau, so erhältst du den reichsten Lohn für jenen Dīnār, den du für deine Frau ausgegeben hast."

Von dem gottseligen 'Alī, welcher vier Frauen hatte,[1] wird erzählt, daß er jeder von ihnen alle vier Tage für einen Dirham Fleisch kaufte.

Der gottselige Ḥasan al-Baṣrī sagt: „Für die Wohnung gaben sie (die Altvordern) viel aus, in bezug auf Hausrat und Kleider aber waren sie sehr bescheiden."[2]

Ibn Sīrīn sagt: „Es ist ein löbliches Werk für den Mann, daß er seiner Frau jede Woche ein Fālūdhaj-Gericht[3] mache;" dasselbe[4] gilt für andere Süßigkeiten. Wenn diese auch nicht unbedingt nötig sind, so wäre es doch für gewöhnlich eine Knauserei, sie ganz und gar zu verbannen.

Ferner soll der Mann die Frau anweisen, die übriggebliebenen Speisen, die sonst verderben würden, als Almosen zu verteilen.[5] Das ist der geringste Grad des Guten. Und zwar darf das die Frau je nach den Umständen tun und braucht nicht die ausdrückliche Erlaubnis des Mannes einzuholen.

Auch soll der Mann nicht etwas Besonderes haben und eine gute Speise allein essen, ohne seiner Familie davon zu geben, denn solches erregt Mißmut und verträgt sich nicht mit dem gehörigen Zusammenleben. Wenn er es aber trotzdem tut, so esse

1) Außerdem aber noch siebzehn Konkubinen (vgl. oben S. 32).

2) So nach M.: *makhāṣīb* und *majādīb*, R.: *majādib* und *maghāfir*.

3) Auch *fālūdhaq* oder *fālūdh* vom pers. *pālūda*, eine süße Speise aus Mehl, Butter und Zucker oder Honig, zu gleichen Teilen gemischt.

4) M. *kadhā*, R. *ka'anna*.

5) Falls nicht kleine Kinder im Hause sind, bemerkt M., denn diese haben immerfort Hunger und suchen etwas, ihn zu stillen.

er es wenigstens insgeheim und lasse seine Familie nichts davon merken. Ferner soll er ihnen nicht mit einer Speise den Mund wässerig machen, die er ihnen nicht vorsetzen will.

Beim Essen soll er mit seiner Familie an einem Tische sitzen. Denn Sufyān [al-Thaurī] sagt: „Es heißt, daß Gott d. A. und seine Engel eine Familie segnen, welche zusammen speist."

Ferner ist es eine außerordentlich wichtige Sache, daß der Mann bei seinen Ausgaben darauf achte, seine Familie nur mit rechtmäßig erworbenem Gut zu ernähren und sich ihretwegen nicht in unlautere Geschäfte einzulassen. Solches wäre eine Sünde, aber keine Fürsorge für sie. Die darauf bezüglichen Traditionen haben wir bereits im Abschnitt über die Nachteile des Heiratens angeführt.

7. Unterweisung.

Siebentens muß der Mann sich über die für die Menstruation geltenden Bestimmungen unterrichten, damit er wisse, was hierbei notwendig zu beachten ist; auch hinsichtlich des Gebetsoffiziums soll er seine Frau unterweisen und sie darüber belehren, was sie vom Gebet während der Menstruation nachzuholen hat und was nicht. Er hat ja den Auftrag, sie vor der Hölle zu bewahren, ausgedrückt in dem Gotteswort (Sūra 66, 6): „Hütet euch und die Eurigen vor dem Feuer."

Ferner muß er sie über den Glauben der Leute der Sunna unterrichten und jede Neuerung, falls sie von einer solchen gehört hat, aus ihrem Herzen entfernen; auch soll er ihr das göttliche Strafgericht vor Augen stellen, wenn sie in der Ausübung ihrer Religion nachlässig ist.

Der Mann soll ihr betreffs der Bestimmungen über Menstruation (*ḥaiḍ*) und unregelmäßigen Blutfluß (*istiḥāḍa*) die notwendigen Belehrungen erteilen.[1] Die Wissenschaft darüber ist sehr ausgedehnt, worüber aber die Frau unbedingt unterrichtet werden muß, ist, welche Gebete sie hierbei nachzuholen hat. Wenn nämlich ihr Blutfluß um ein weniges vor dem Sonnenuntergangsgebet aufhört, auch wenn es nur die Zeit einer Rakʿa ist, so hat sie das Mittags- und Nachmittagsgebet nachzuholen; hört er um die gleiche Zeitspanne vor dem Morgengebet auf, so hat sie das Abend- und Nachtgebet nachzuholen.[2] Das ist das wenigste, was die Frauen zu beobachten haben. Übernimmt nun der Mann den erforderlichen Unterricht, so braucht die Frau nicht auszugehen, um bei Gelehrten Rat zu holen. Weiß hingegen der Mann nicht Bescheid, übernimmt es aber, an ihrer Stelle Rat zu holen, und teilt er ihr den Bescheid des Muftī mit, so braucht sie ebenfalls nicht selbst zu gehen. Im anderen Fall darf sie gehen und sich Rat holen, ja es ist dies sogar ihre Pflicht, und der Mann begeht eine Sünde, wenn er sie daran hindert. Wenn sie über sämtliche ihr obliegenden religiösen Pflichten unterrichtet ist, so darf sie nur mit

1) Beide unterscheiden sich nach den muslimischen Autoren dadurch, daß das Blut im ersteren Falle schwarz, dick und übelriechend ist, im zweiten rot, dünn und geruchlos. – Die folgenden Ausführungen machen übrigens den Eindruck, als wären sie nachträglich eingeschoben, denn von den Bestimmungen über die Menstruation war ja eben erst die Rede. Vermutlich erschien jene kurze Bemerkung dem Autor bei der Revision als zu dürftig, so daß er sie weiter ausführen zu müssen glaubte. Möglich wäre auch, daß zwischen beiden nur eine zeitliche Pause liegt. Solche Unausgeglichenheiten kommen übrigens an verschiedenen Stellen vor, sie haben wohl ihren Grund in den ungünstigen Verhältnissen, unter denen der Autor dies sein Werk verfaßte.

2) So nach der shāfiʿitischen Schule, von der die anderen mehr oder weniger abweichen. Gehören Mann und Frau verschiedenen Riten an, so muß der Mann, wie M. bemerkt, auch über die Unterschiede der einzelnen Riten Bescheid wissen.

Erlaubnis des Mannes ausgeben, um einer Dhikr-Versammlung oder einem Vortrag über nicht notwendige Dinge beizuwohnen. Wenn aber die Frau mit einer Bestimmung über Menstruation und Blutfluß unbekannt bleibt und der Mann sie nicht unterrichtet, so ist er an ihrer etwaigen Verfehlung mitschuldig.

8. Gleichmäßige Behandlung (bei Polygamie).

Hat ein Mann mehrere Frauen, so muß er sie alle gleich halten, ohne eine von ihnen zu bevorzugen. Wenn er eine Reise antritt und eine von ihnen mitnehmen will, so soll er zwischen ihnen losen. So hielt es der hochgebenedeite Gottgesandte. Und wenn er eine Frau um eine Nacht beraubt, so hat er sie dafür durch eine andere Nacht zu entschädigen, und zwar ist diese Entschädigung für ihn Pflicht. Dabei muß er aber die Bestimmungen der Teilung kennen, deren Aufzählung hier zu weit führen würde.

Der hochgebenedeite Gottgesandte sagt: „Wenn jemand zwei Frauen hat und die eine vor der anderen bevorzugt – oder, nach einer anderen Lesart, sie nicht gleich behandelt –, der wird am jüngsten Tag mit schiefer Seite erscheinen."

Die gleichmäßige Behandlung hat sich zu erstrecken auf Unterhalt und nächtliches Beisammensein, was hingegen die Liebe und Beiwohnung betrifft, so hängen diese nicht vom Willen ab, gemäß dem Gotteswort (Sūra 4, 129): „Ihr seid nicht imstande, eure Frauen gleich zu behandeln, auch wenn ihr den besten Willen habt"; d. h. ihr könnt sie nicht gleichmäßig behandeln in bezug auf die natürliche sinnliche Zuneigung, von dieser hängt aber die Verschiedenheit quoad coitum[1] ab. Der hochgebenedeite

1) hinsichtlich der Vereinigung.

Prophet pflegte, was Unterhalt und das nächtliche Beisammensein anbetraf, seine Frauen in gleicher Weise zu behandeln und zu sagen: „Mein Gott, ich mühe mich redlich ab, zu tun, was in meinen Kräften steht, ich vermag aber nicht das zu leisten, was von dir und nicht von mir abhängt“; er meinte damit die Liebe. Er hatte eine besondere Vorliebe für die gottselige ʻĀ'isha, was seine übrigen Frauen recht wohl wußten. Während seiner letzten Krankheit wurde er der Reihe nach jeden Abend zu einer anderen getragen, so daß er bei jeder von ihnen die Nacht verbrachte. Wenn er dann fragte: „Bei welcher werde ich morgen sein“, so verstand die betreffende, daß er nach dem Tag der ʻĀ'isha fragte, und sagte: „Er fragt nur nach dem Tag der ʻĀ'isha.“ Da meinten die Frauen: „Wir gestatten dir, Gottgesandter, im Haus der ʻĀ'isha zu bleiben, denn es ist lästig für dich, dich jede Nacht herumtragen zu lassen.“ „Seid ihr also damit einverstanden?“ fragte er. Als sie die Frage bejahten, befahl er, man möge ihn ins Haus der ʻĀ'isha bringen.

Wenn eine der Frauen ihre Nacht an eine ihrer Genossinnen mit Zustimmung des Mannes abtritt, so hat diese auch das Recht darauf. So pflegte der hochgebenedeite Gottgesandte die Nächte gleichmäßig zwischen seinen Frauen zu teilen. Als er nun die alternde Sauda bint Zamaʻa entlassen wollte, trat sie ihre Nacht an ʻĀ'isha ab und bat ihn, sie in der Stellung als Gattin belassen zu wollen, damit sie in der Schar seiner Frauen auferweckt werde. So behielt er sie denn, gewährte ihr aber nichts, der ʻĀ'isha hingegen zwei Nächte und seinen übrigen Gattinnen je eine Nacht. Übrigens besaß der Hochgebenedeite einen solehen Gerechtigkeitssinn und zugleich eine solche potentia virilis[1)], daß er, wenn er die Lust verspürte, eine von seinen Frauen an einem nicht für

1) Manneskraft.

sie bestimmten Tage zu besuchen, er an demselben Tage auch seine übrigen Frauen besuchte. So berichtet die gottselige ʻĀ'isha, daß der hochgebenedeite Gottgesandte in einer Nacht bei seinen sämtlichen Frauen die Runde machte, und der gottselige Anas, daß er bei neun Frauen an einem Morgen die Runde machte.[1]

9. Verhalten bei Widerspenstigkeit.

Wenn zwischen beiden Streit entsteht und sie sich nicht einigen können und die Sache auf Gegenseitigkeit beruht oder vom Mann allein ausgeht, so darf nicht die Frau über ihren Mann die Oberhand bekommen, aber auch der Mann kann die Sache nicht allein in Ordnung bringen,[2] sondern es ist erforderlich, zwei Schiedsrichter aufzustellen, einen aus seiner Verwandtschaft und einen aus der der Frau, damit sie den Sachverhalt prüfen und zwischen ihnen Frieden stiften. „Wenn sie nun sich aussöhnen wollen, so läßt es Gott gelingen zwischen beiden" (Sūra 4, 35). Der gottselige ʻUmar sandte einmal einen Schiedsrichter zu zwei Eheleuten, und als dieser unverrichteter Sache zurückkehrte, schlug er ihn mit der Peitsche[3] und sprach: „Gott d. A. sagt: ‚Wenn sie sich aussöhnen wollen, so läßt es Gott gelingen zwischen beiden' (Sūra 4, 35)." Da kehrte der Mann zurück, erweckte eine gute Meinung und

1) Die hier und im Vorausgehenden erwähnten Züge werden von den alten Quellen einheitlich überliefert und sind wohl historisch. Vgl. für die letzte Notiz AL-BUKHĀRĪ, *Kitāb al-ghusl* nr. 12 (ed. Krehl I, 77), wo die Zahl der Frauen auf elf (Variante „neun") angegeben wird. Nach dieser Stelle besaß der Prophet potentiam triginta virorum [die Manneskraft von dreißig Männern].

2) R. *yaqdiru*, M. *yuqdimu*.

3) *dirra*, ein nicht genau bestimmbares Schlaginstrument, das ʻUmar gewöhnlich zur Hand hatte.

redete den beiden gütig zu, so daß er tatsächlich die Versöhnung zwischen ihnen zustande brachte.

Liegt aber die Widersetzlichkeit auf seiten der Frau, dann gilt: „Die Männer sind gesetzt über die Frauen“ (Sūra 4, 34). Der Mann soll in diesem Fall die Frau strafen und mit Gewalt zum Gehorsam zurückbringen. Und wenn sie das Gebetsoffizium unterläßt, so soll er sie mit Gewalt zum Gebet zwingen.[1)] Er soll aber darauf achten, bei der Bestrafung eine bestimmte Abstufung einzuhalten und zwar in der Weise, daß er sie zunächst mahnt und warnt und ihr eine Strafe androht. Hilft das nichts, so soll er ihr im Bett den Rücken zukehren oder überhaupt allein schlafen und, während er mit ihr zusammen im Hause bleibt, sie gänzlich meiden, einen Tag bis drei Tage lang. Fruchtet auch das nicht, so soll er sie schlagen, ohne sie zu schädigen (*ghair mubarriḥ*), d. h. ihr zwar wehtun, aber nicht so, daß ihr ein Knochen gebrochen wird oder sie blutet; auch darf er sie nicht ins Gesicht schlagen, das ist verboten.[2)]

Als der hochgebenedeite Gottgesandte gefragt wurde, was die Frau vom Manne zu beanspruchen habe, antwortete er: „Er soll sie speisen, wenn er speist, und ihr ein Kleid geben, wenn er ein solches sich anschafft, außerdem nicht ihr Gesicht verunstalten[3)], sie nur in unschädlicher (*ghair mubarriḥ*) Weise schlagen und sie wohl meiden, aber ohne das Haus gänzlich zu verlassen.“

Hat sich die Frau gegen die Religion verfehlt, so soll der Mann ihr zürnen und den Verkehr mit ihr abbrechen, zehn Tage lang bis zu einem Monat. So handelte der hochgebenedeite Gottgesandte,

1) Fehlt bei M.

2) Der richtige Ort für Schläge sind die Fußsohlen, bemerkt M.

3) Nach anderer Fassung „keine häßlichen Redensarten ihr gegenüber gebrauchen“. (M.)

als er in das Haus der Zainab [bint Jaḥsh] ein Geschenk gesandt hatte und sie es ihm zurückschickte und die Frau, in deren Haus er sich damals befand, sagte: „*aqma'atka*", d. h. sie hat dich durch die Zurücksendung des Geschenkes geringschätzig behandelt und beleidigt. Der Hochgebenedeite meinte: „Ihr geltet zu wenig bei Gott, als daß ihr mich beleidigen könntet." Darauf zürnte er ihnen allen einen Monat lang, dann kehrte er wieder zu ihnen zurück.

10. De usu matrimonii.[1]

Es ist eine löbliche Sitte, die Beiwohnung mit der Anrufung des Namens Gottes zu beginnen, dann zu rezitieren: „Sprich: Gott ist einer" (Sūra 112, 1), sodann *Allāhu akbar* (Gott ist übergewaltig) und *lā ilāha illā Allāh* (es ist kein Gott außer Allāh), darauf: „Mein Gott, laß es eine gute Nachkommenschaft werden, wenn du beschlossen hast, eine solche ex lumbis meis[2] hervorgehen zu lassen."

Der Hochgebenedeite sagt: „Wenn einer von euch seiner Frau beiwohnt und dabei spricht: ‚Mein Gott, wende von mir den Teufel ab und wende den Teufel ab von dem, was du uns bescherst', so wird der Teufel dem Kind, das sie etwa bekommen, nichts schaden können."[3]

1) Über den Nutzen der Ehe (Über die Bedeutung der Mutterschaft). – Hier bietet der Verfasser wenig eigenes, sondern die folgenden Ausführungen sind fast durchweg dem *Qūt* (II, 257 ff.) entnommen. Nur die Erörterung de coitu interrupto [über die unterbrochene Vereinigung] (S. 138 ff.) ist, wie man sofort an der Sprache erkennt, echter Ghazālī.

2) aus meinen Lenden.

3) Vgl. AL-BUKHĀRĪ, *Kitāb bad' al-khalq* nr. 11.

Wenn die emissio seminis[1] nahe ist, soll man innerlich, ohne die Lippen zu bewegen, sprechen: „Gelobt sei Gott, der aus dem Wasser (Samen) den Menschen geschaffen" usw. (Sūra 25, 54). Von einem Traditionsgelehrten wird erzählt, daß er mit so lauter Stimme „*Allāhu akbar*"[2] rief, daß es die Leute im Hause hörten.

Ferner soll man bei der Beiwohnung nicht die Richtung gegen Mekka einnehmen, aus Ehrfurcht vor der Qibla.

Ferner soll der Mann sich selbst und seine Frau mit einem Gewande bedecken, so wie der hochgebenedeite Gottgesandte sein Haupt zu verhüllen, seine Stimme zu dämpfen und zur Frau zu sagen pflegte: „Sei ganz still!"[3]

In einer Tradition heißt es: „Wenn einer von euch seiner Frau beiwohnt, ne sint nudi sicut asini – *ʿairain*, d. h. *ḥimārain* – neve anhelent sicut tauri."[4]

Der Mann soll kosende Worte und Küsse vorausschicken[5] gemäß dem Ausspruch des Hochgebenedeiten: „Ne quis vestrum congrediatur cum femina sua, ut congrediuntur pecora,[6] vielmehr soll zwischen ihnen ein Bote sein." Als man ihn fragte, was für einen Boten er meine, antwortete er: „Küsse und Worte." „Drei

1) Samenerguß.

2) Diese Worte gelten, wie M. bemerkt, als besonders wirksam gegen Feuersnot, also auch gegen den Teufel, denn der besteht ja gleichfalls aus Feuer.

3) *ʿalaiki bi-l-sakīna! sakīna* ist aber auch das hebr. שְׁכִינָה „die Gegenwart Gottes". Vgl. Sūra 2, 248 und 48, 4, 18.

4) „so mögen sie nicht nackt sein wie die Esel und nicht wie Stiere keuchen". – Der zweite Teil fehlt bei R. – Der Anblick des pudendum muliebre [der weiblichen Scham] ist nach M. V, 374 den Augen schädlich. In einem Bericht der ʿĀ'isha heißt es: „Ich sah von ihm (dem Propheten) nicht und er sah von mir nicht (scil. pudendum [ergänze: die Scham])."

5) Dieser Rat fehlt, soviel ich sehe, im *Qūt*.

6) „Daß keiner von euch mit seiner Frau zusammenkommt, wie das Vieh zusammenkommt!"

Dinge", sagt der Hochgebenedeite ferner, „sind beim Mann eine Schwäche: Erstens, daß er mit jemandem, den er gern kennen lernen will, zusammenkommt und sich von ihm trennt, ohne Namen und Herkunft von ihm erfahren zu haben. Zweitens, daß er eine Ehrung, die ihm sein Bruder zugedacht hat, zurückweist. Drittens, daß er seiner Sklavin oder seiner Frau[1] sich naht und ihr beiwohnt, ohne ihr Zärtlichkeiten zu sagen und sie zu liebkosen, ita ut ipse rem suam cum ea prius perficiat quam ipsa rem suam cum eo.[2]"

In drei Nächten des Monats soll man den Beischlaf unterlassen, nämlich in der ersten, letzten und mittelsten. In diesen drei Nächten stellt sich, wie es heißt, der Teufel bei der Beiwohnung ein, auch sollen die Teufel in diesen Nächten den Beischlaf vollziehen. Auch vom gottseligen ʿAlī, Muʿāwiya und Abū Huraira wird berichtet, daß sie an diesen Tagen den Beischlaf als verwerflich betrachteten.

Andererseits empfehlen manche Theologen den Beischlaf besonders am Freitag[3], und zwar im Hinblick auf den Ausspruch des Hochgebenedeiten: „*man ghasala* (oder *ghassala*) *wa-ghtasala* usw.", indem sie die in diesem Sinne gehaltene Auslegung von *ghasala* (*ghassala*) für richtig halten.[4]

1) Fehlt bei M.

2) „derart, daß er selbst seine Sache mit ihr früher beendet hat als sie ihre Sache mit ihm."

3) R. hat noch: „und seiner (d. h. der vorausgehenden) Nacht."

4) ghasala (*ghassala*) *al-mar'a* „lavare feminam" [„eine Frau waschen"] bedeutet nämlich auch „einer Frau beiwohnen" *ightasala* „die Ganzwaschung vollziehen". Andere verstehen hier unter ghasala das *wuḍū'* oder die Waschung post coitum [nach der Vereinigung] oder eine besonders gründliche Waschung. Vgl. Lane, 2258 c.

Praeterea, postquam ipse explevit libidinem suam,[1] exspectet, usquedum femina etiam expleverit libidinem suam, quia emissio feminae saepe tardius sequitur ardente adhuc libidine.[2] Nam retractio viri molesta est feminae, et discrepantia naturalis quoad emissionem seminis causa est aversionis, si vir prius emittit.[3] Simultanea emissio iucundissima est feminae, ita tamen ut vir sua re occupatus non attendat ipsi, quia saepe est pudica.[4]

Der Mann soll der Frau alle vier Nächte beiwohnen, das ist das richtige Maß, und es ist erlaubt, sich auf dieses Maß zu beschränken, doch muß er ihr in dieser Hinsicht mehr oder weniger gewähren, entsprechend dem, was sie zu ihrer Bewahrung nötig hat, denn ihre Bewahrung ist für ihn Pflicht. Wenn aber hinsichtlich der petitio debiti nichts Bestimmtes festgesetzt wird,[5] so ist das propter difficultatem petendi debitum ac reddendi.[6]

1) Später, da er selbst seinen Höhepunkt gefunden hat, – Oder „in explenda libidine sua" [„in Erwartung seines Höhepunktes"].

2) mag er warten, bis die Frau dann gleichfalls ihren Höhepunkt erreicht, welcher weibliche Ausbruch im angestrebten Ziel brennender Lust oft erst später folgt. – M. *tahīj*; R. *yahīj* oder *yuhayyij* würde bedeuten „excitet" (vir libidinem feminae) [daß (der Mann die Lust der Frau) „aufflammen läßt, anfacht"]. – Diese Mahnung findet sich auch bei dem abessinischen „Philosophen" Walda-Ḥeywat, Kap. 24; vgl. Littmann, *Philosophi Abessini*, S. 54 der Übersetzung.

3) Denn den Mann zurückzuhalten, ist der Frau beschwerlich, und ein bis zum Samenerguß reichender Mangel körperlichen Gleichklangs ist Grund für Abwehr, wenn der Mann früher kommt. – Ein Fall, der nach M. häufig vorkommt, ohne daß der Mann von der Ursache eine Ahnung hat. Die von ihm empfohlenen Mittel lassen sich selbst lateinisch nicht wohl wiedergeben.

4) Der gemeinsame Höhepunkt ist für die Frau höchst beglückend, wiewohl ein von seiner Sache besetzter Mann dem für sich selbst keine Beachtung schenken mag, weil sie oft zurückhaltend ist.

5) des geschuldeten Anspruchs. – Zu lesen mit R. *fa-dhālika*, M. *bi-dhālika*.

6) wegen der Problematik des Anspruchs eine gleichwohl abzutragende Schuld.

Ferner darf der Mann ihr nicht beiwohnen zur Zeit der Menstruation, und auch, wenn diese vorbei ist, erst dann, nachdem sie eine Ganzwaschung (*ghusl*) vorgenommen hat. Die Beiwohnung während der Menstruation ist im Koran verboten.[1] Auch sagt man, daß ein aus ihr hervorgehendes Kind von der Elephantiasis befallen wird.[2]

Licet marito frui toto corpore menstruantis, non vero coire cum ea in vase praepostero[3], nam coitus cum menstruante prohibetur propter inhonestatem (*adhā*)[4], coitus iste vero semper est inhonestus. Quare is multo magis prohibetur quam coitus cum menstruante.[5] Im Gotteswort (Sūra 2, 223): „[Eure Weiber sind für euch ein Acker]; geht zu eurem Acker, wie ihr wollt (*annā shi'tum*)" ist *annā* nicht in diesem Sinne zu verstehen, sondern gemeint ist, wann ihr wollt.[6]

1) Sūra 2, 222.

2) Verschiedene Autoren verlangen als Buße für die Übertretung des Verbotes die Zahlung eines Dīnār oder eines halbn Dīnār an die Armen oder sogar die Freilassung eines Sklaven. (M.)

3) i. e. in ano [in den Anus] (*fī duburihā*). – Im *Qūt* findet sich, soviel ich sehe, dieses Verbot nicht.

4) Sūra 2, 222. Sie werden dich über die Menstruation befragen. Antworte: ‚Sie ist etwas Anstößiges'." *adhā* wird von Baiḍawī erklärt als „etwas Unsauberes und Anstößiges (*mustaqdhar mūdhin*)".

5) Es ist dem Ehemann erlaubt, sich des ganzen Körpers der Menstrierenden zu erfreuen (zu bedienen), aber keinesfalls, in ihr verkehrtes (hinteres) Gefäß einzudringen,[4] denn eine Vereinigung mit einer Menstruierenden ist wegen Unehrenhaftigkeit verboten,[5] eine derartige Vereinigung ist tatsächlich immer unehrenhaft. Deshalb ist der (Analverkehr) viel strenger verboten als der Beischlaf mit einer Menstruierenden.

6) Al-Baiḍawī erklärt *annā shi'tum* als „von welcher Seite ihr wollt", also auch praepostere [von hinten], aber in vulva [in die Scheide] (*min duburihā fī qubulihā*). Die Worte sollen gegen die Juden gerichtet sein, welche diesen situs

Licet autem viro emittere semen opere manus[1] feminae, ac frui eorum, quae sunt sub tegumento, excluso coitu.[2] Die Frau muß während der Periode eine Umhüllung (*izār*) tragen, die von den Hüften bis über die Knie reicht. So verlangt es die gute Sitte.[3]

verpönten, weil sie meinten, daß dadurch die Kinder schieläugig würden. Diese Tradition auch bei AL-BUKHĀRĪ, *Kitāb LXV* nr. 39.

Nicht wenige fassen aber diese Stelle in dem von unserem Autor verworfenen Sinn auf. Die Offenbarung soll sogar eigens zu dem Zweck erfolgt sein, die betreffende Praxis (*min duburihā fī qubulihā*, auch *taḥmīḍ*, *iḥmāḍ* oder *ithghār* genannt), die von vielen verabscheut wurde, zu rechtfertigen. Andererseits wird sie in mehreren, allerdings wohl fabrizierten Traditionen scharf verurteilt, der Prophet nennt sie „die kleine Sodomie" (*al-lūṭīya al-ṣughrā*, vgl. den Ausdruck „sodomia imperfecta" [unvollendete Sodomie] bei den Moraltheologen) und stellt sie mit dem Unglauben auf eine Stufe. Die Meinungen der islamischen Autoritäten sind ebenso wie in bezug auf das *istimnā'* (vgl. oben S. 56) geteilt. Verschiedene ältere Traditionarier wie Anas b. Mālik, Ibn Mas'ūd, Ubaiy b. Ka'b und die Medinenser überhaupt halten sie nicht für verboten oder wenigstens für im Notfall erlaubt (als eine *rukhṣa*), ebenso der Imām Mālik, er soll aber seine Ansicht später zurückgenommen haben. Von dem Spanier 'Īsā b. Dīnār wird sogar der Satz überliefert: „Dulcius est aquā frigidā." [Es ist süßer als frisches Wasser."] Als Gegner der Erlaubtheit gilt vor allem al-Shāfi'ī, wenigstens nach seiner späteren (*jadīd*) Ansicht. (M.)

1) R.: manuum [der Hände].

2) Erlaubt aber ist es dem Mann, durch die Hand der Frau zum Samenerguß zu kommen und mit Ausnahme einer Vereinigung sogar jenes zu nutzen, was unter der Bedeckung ist.

3) Der Verfasser hat in diesem Passus den Text seiner Vorlage teils umgestellt, teils gekürzt. Die betreffende Stelle im *Qūt* lautet folgendermaßen: „Die Frau soll während der Menstruation einen Lendenschurz tragen, der auch die Oberschenkel zur Hälfte bedeckt, und dem Manne steht der beliebige Genuß ihres ganzen Körpers zu mit Ausnahme dessen, was vom Lendenschurz bedeckt wird. Das ist die Ansicht der Kanonisten des Ḥijāz, die auch mir am meisten zusagt; es gibt allerdings irakische Gelehrte (nach M. ist es Muḥammed b. al-Ḥasan), qui ea quoque, quae sunt sub tegumento, tangere permittunt

Wohl aber darf der Mann mit der Frau in der Zeit ihrer Periode zusammen essen, auch mit ihr kosen und zärtlich tun, braucht sich also nicht von ihr fernzuhalten.[1)]

Si desiderat coitum alterum post primum, debet antea lavare membrum suum. Si pollutionem habuit, non licet ei coire, antequam lavet membrum suum aut mingat.[2)]

excepto pudendo [die auch das, was unter dem Lendenschurz ist, mit Ausnahme der Scham zu berühren erlauben], eine Ansicht, die mir nicht gefällt. Nil obstat vero, quin vir effundat semen opere manuum feminae [Nichts also steht dem entgegen, daß der Mann durch die Hände der Frau zum Samenerguß kommt.] (so der Text des *Qūt* nach M.: *al-istimnā' bi-yadaihā*; in der Druckausgabe II, 258, 11 dagegen: *al-istimnā' bi-badanihā* „quin vir fruatur corpore feminae" [„daß der Mann den Körper der Frau benutzt"]). Der Mann soll aber (*yustaḥabb*), wenn er sich zu ihr ins Bett begibt, einen kleinen Lendenschurz (*ḥaqw*) tragen – das ist der *mi'zar* – ne sit nudus [daß er nicht nackt sei]. So erfordert es die gute Sitte."

Was die oben angegebene Variante betrifft, so sind die beiden Lesarten in einem der diakritischen Punkte entbehrenden Konsonantentext seltsamerweise kaum zu unterscheiden, und man möchte daher gerne vermuten, daß das abstoßende *istimnā' bi-yadaihā* durch falsche Punktation entstanden sei. Da aber vom *istimnā' bi-badanihā* bereits die Rede war, so müssen wir annehmen, daß jene Lesart doch die ursprüngliche ist, so wie es auch keinem Zweifel unterliegen kann, daß al-Ghazālī wirklich so gelesen hat. Die Lesart unseres Druckes wird also absichtliche Abschwächung sein. Meine Bemühungen, eine handschriftliche Lesart festzustellen, waren bis jetzt leider vergeblich.

1) Die islamische Praxis hält, wie al-Baiḍāwī zu Sūra 2, 222 bemerkt, die richtige Mitte (*iqtiṣād*) ein zwischen dem Zuviel (*ifrāṭ*) der Juden, welche jeden intimeren Verkehr mit den Menstruierenden meiden (wie auch die Majūs und die Araber der Heidenzeit), und dem Zuwenig (*tafrīṭ*) der Christen, welche die Menstruation gänzlich ignorieren. Dazu sei übrigens bemerkt, daß noch Thomas von Aqin die copula cum menstruante [die Vereinigung mit einer Menstruierenden] als eine schwere Sünde betrachtet.

2) Wenn er nach der ersten eine zweite Vereinigung will, soll er zuvor sein Glied waschen. Sofern er einen (feuchten Traum) unwillkürlichen Samen-

Nec licet ei coire initio noctis, ne dormiat impurus.[1] Will er schlafen oder essen, so soll er zuvor eine Waschung (*wuḍū'*) vornehmen wie zum Gebetsoffizium. Und zwar ist diese Vorschrift Sunna.[2] Ibn 'Umar[3] erzählt, er habe den hochgebenedeiten Propheten gefragt, ob sie nach einer sexuellen Verrichtung schlafen dürften, und dieser habe geantwortet: „Ja, wenn der betreffende die Waschung vollzieht." In einer anderen Tradition wird diese aber nicht verlangt. So erzählt die gottselige 'Ā'isha, daß der hochgebenedeite Prophet als *junub*[4] schlief, ohne Wasser berührt zu haben.

So oft jemand sein Lager aufsucht, soll er mit dem Zipfel seines Gewandes über dessen Oberfläche hinstreichen[5], denn er weiß nicht, was mittlerweile darangekommen ist.

Ferner darf sich niemand nach einer sexuellen Verrichtung die Haare oder die Nägel schneiden, auch nicht sich rasieren, zur Ader lassen oder sonst etwas von seinem Körper entfernen; denn da er am jüngsten Tage mit allen Bestandteilen desselben vereinigt

erguß hatte, ist ihm eine Vereinigung nicht gestattet, es sei denn, er hätte zuvor sein Glied gewaschen oder uriniert. – Sonst könnte der Teufel dem Kinde Schaden zufügen. (*Qūt II*, 257, 24.) Dieselbe Vorschrift gilt auch für die Frauen, es wird darüber eine ausdrückliche Entscheidung des Propheten überliefert. (*Qūt II*, 258, 7).

1) Und nicht ist ihm der Beischlaf zu Beginn der Nacht (vor dem Einschlafen) erlaubt, daß er nicht als Unreiner schlafe. – Denn die menschlichen Seelen (*al-arwāḥ*) steigen in der Nacht zum Throne Gottes hinauf, und nur diejenigen dürfen sich vor ihm niederwerfen, die rein sind. So im *Qūt II*, 257, 28.

2) D. h. fromme Übung, kein striktes Gebot.

3) Nach allgemeiner Annahme war es 'Umar selbst. (M.)

4) Rituell unrein infolge einer emissio seminis [eines Samenergusses]. Vgl. *Enzykl. des Islam I*, 1057: Artikel Djanāba.

5) Nach einem anderen Bericht: „Er soll es dreimal aufschütteln."

wird, so würde er unrein. Es heißt auch, daß jedes Haar auf seine Reinheit hin geprüft wird.

[Corollarium: De interruptione coitus[1] (al-ʿazl).]

Ferner soll der Mann darauf achten, daß er nicht die Empfängnis verhindere, sed sinat aquam (semen) fluere ad segetem i. e. uterum.[2] „Es gibt keine Seele, deren Existenz von Gott beschlossen ist, die nicht auch wirklich zur Existenz gelangte", sagt der hochgebenedeite Gottgesandte.[3] Über die Erlaubtheit oder Verwerflichkeit des coitus interruptus[4] sind die Meinungen der Gelehrten geteilt, und zwar lassen sich im ganzen vier Ansichten unterscheiden: Die erste erklärt es für schlechthin erlaubt, die zweite für schlechthin verboten;[5] nach der dritten ist es erlaubt mit Einwilligung der Frau, ohne diese aber nicht;[6] die Vertreter dieser Ansicht verbieten also die Schädigung der Frau, nicht die interruptio coitus[7] an sich. Nach der vierten Ansicht ist es nur bei einer Sklavin erlaubt, nicht aber bei einer Freien.[8]

1) Zusatzbemerkung: Über die Unterbrechung des Beischlafs.
2) sondern das Wasser (den Samen) auf das Saatfeld, das heißt, den Uterus fließen lasse.
3) Vgl. AL-BUKHĀRĪ, *Kitāb al-nikāḥ* nr. 96 und *Kit. al-buyūʿ* nr. 109.
4) des unterbrochenen Beischlafs.
5) So die Ẓāhiriten und ein Teil der Ḥanbaliten. (M.)
6) So die Ḥanafiten, zu denen bekanntlich die Türken gehören. (M.)
7) Unterbrechung der Vereinigung.
8) Außer mit ihrer Erlaubnis; so die Mālikiten. (M.)

Das Richtige ist unserer Meinung nach, daß diese Praxis erlaubt[1] ist. Was aber den Terminus „Ungehörigkeit" (*karāha*) betrifft, so ist damit entweder etwas Verbotenes (*taḥrīm*) gemeint oder etwas vorsichtshalber zu Unterlassendes (*tanzīh*) oder die Unterlassung des Besseren (*tark al-afḍal*).[2] Die interruptio coitus[3] nun ist etwas „Ungehöriges" (*makrūh*) im letzteren Sinne, d. h. sie bedeutet die Unterlassung einer Tugendhandlung, so wie man sagt: Es ist ungehörig, daß jemand in der Moschee weile und dabei müßig sei, d. h. sich weder mit dem Dhikr noch mit dem Gebet beschäftige, oder:

Es ist ungehörig, daß einer, der in Mekka wohnt, nicht jedes Jahr die Wallfahrt mache. Unter Ungehörigkeit ist also da nur die Unterlassung des Besseren und Vollkommeneren zu verstehen.

1) Aber doch eine Unvollkommenheit, wie im folgenden näher dargelegt wird. Der Verfasser des *Qūt* verurteilt das *ʿazl* ziemlich scharf, gibt aber zu, daß islamische Autoritäten auch die entgegengesetzte Anschauung vertreten und auf den Propheten selbst zurückführen.

2) Die menschlichen Handlungen zerfallen nach der islamischen Gesetzeswissenschaft hinsichtlich ihres Verhältnisses zum Gesetz in fünf Kategorien (*aḥkām*): 1. „Pflicht" (*farḍ* oder *wājib*), 2. „empfehlenswert, verdienstlich" (*sunna*, vgl. oben S. 25 Anm. 2, *mandūb* oder *mustaḥabb*), 3. „erlaubt" (*mubāḥ* oder *jā'iz*), 4. „mißbilligt" (*makrūh*), 5. „verboten" (*ḥarām* oder *maḥẓūr*). In der 2. und 3. Kategorie unterscheiden manche noch Unterabteilungen, worüber zu vergleichen Goldziher, *Die Ẓāhiriten*, S. 66 ff. Nach unserem Autor enthält die *karāha* („Mißbilligung", dann „Verwerflichkeit, Ungehörigkeit") drei Grade, von denen der erste (*karāhat taḥrīm*) nahezu mit der fünften (*ḥarām*), der dritte (*tark al-afḍal*) nahezu mit der dritten (*mubāḥ*) der oben genannten Kategorien zusammenfällt; *tanzīh* ist eigentlich das „sich fernhalten" von allem, was möglicherweise Sünde sein könnte. – Eine ausführliche Behandlung dieser Fragen liefert der Verfasser im 14. Buch, dessen Bearbeitung das 3. Heft dieser Sammlung bilden soll.

3) die Unterbrechung des Beischlafs.

Eine solche liegt hier vor nach dem, was wir oben dargelegt haben über die hohe Bedeutung der Nachkommenschaft und nach dem vom hochgebenedeiten Propheten überlieferten Ausspruch: „Der Mann soll seiner Frau beiwohnen; es wird ihm für diese Beiwohnung der Lohn eines Sohnes angeschrieben, der für die heilige Sache kämpft und stirbt." Damit wollte er sagen, daß der betreffende, wenn ihm ein solcher Sohn geboren wird, den Lohn als Urheber empfängt, obgleich in Wirklichkeit Gott d. A. es ist, der das Kind erschaffen, ins Leben gerufen und ihm zum heiligen Krieg die Kraft verliehen hat. Der Mensch hat aber diejenige Art von Ursächlichkeit geleistet, die ihm zusteht, nämlich die Beiwohnung, durch welche der Samen in den Mutterleib befördert wird.[1] Unsere Behauptung, es handle sich bei der interruptio coitus[2] nicht um eine „Ungehörigkeit" im Sinne eines *taḥrīm* oder *tanzīh*, beruht darauf, daß man nur auf Grund einer ausdrücklichen Verordnung oder durch Schlußfolgerung aus einer solchen etwas als „verboten" hinstellen kann. Hier liegt aber kein derartiger Text vor und auch kein Prinzip, aus dem ein solches Verbot gefolgert werden dürfte. Oder vielmehr, es gibt etwas, von dem wir ausgehen können, das ist die Unterlassung des Heiratens überhaupt oder die Unterlassung der Beiwohnung nach der Heirat aut omissio seminandi post immissionem membri[3]; all das bedeutet aber die Unterlassung des Besseren und nicht die Übertretung eines Verbotes. Mit der interruptio coitus[2] verhält es sich aber nicht anders.[4] Denn das Kind entsteht durch die Auf-

1) Diese Gedanken auch im *Qūt*, l. c.

2) Unterbrechung des Beischlafs.

3) oder die Unterdrückung des Samen(ergusse)s nach Eindringen des Gliedes.

4) Das ist der Sinn von *wa-lā farq*, d. h. nach arabischer Terminologie, die interruptio coitus [Unterbrechung des Beischlafs] verhält sich zu den genannten drei Handlungen wie ein *far'* (Zweig) zum *aṣl* (Wurzel, Stamm);

nahme des Samentropfens in den Mutterleib, und diese hat vier Ursachen: (1) die Heirat, (2) die Beiwohnung, (3) die exspectatio seminationis post copulam,[1] (4) exspectatio, usquedum ponatur semen in utero.[2] Die einen dieser Ursachen sind näher, andere entfernter. Das Fehlen[3] der vierten verhält sich wie das der dritten, das Fehlen der dritten wie das der zweiten und das der zweiten wie das der ersten. Das ist aber etwas anderes als das Begraben einer Tochter oder die Bewirkung eines Abortus. Letzteres ist nämlich ein Vergehen wider ein bereits existierendes Wesen, und auch dieses hat wiederum verschiedene Grade. Der geringste Grad des Seins ist der, daß der Samentropfen in den Mutterleib kommt, aber[4] noch nicht mit dem weiblichen Samen vermischt und dadurch zur Aufnahme des Lebensprinzips disponiert ist.[4] Auch die Zerstörung dieses Keimes wäre ein Vergehen. Ist er bereits festgelegt und zu einem „Klümpchen" geworden, so ist das Vergehen ärger; ist ihm aber schon die Seele eingehaucht[5] und das menschliche Wesen fertig ausgebildet, so ist die Tat noch verabscheuungswürdiger; ihren höchsten Grad erreicht diese jedoch, wenn das Wesen bereits zum Leben geboren ist. Unserer Ansicht nach liegt aber die Ursache der Existenz darin, daß der Same in den Mutterleib aufgenommen wird, nicht in dem Austritt desselben ex membro virili[6]; denn das Kind entsteht nicht aus

farq entspricht dem lat. „imparitas" [Ungleichgewichtigkeit]. Vgl. *Dictionary of Techn. Terms*, S. 1129.

1) Erwartung der Saat nach der Vereinigung, – *ba'd al-jimā'* fehlt bei M.

2) Erwartung, bis sich der Samen dann in den Uterus gesetzt hat.

3) Oder die Unterlassung.

4) – 2) fehlt bei M.

5) Was beim männlichen Wesen nach 90, beim weiblichen nach 120 Tagen der Fall ist. (M.)

6) aus dem männlichen Glied.

dem Samen des Mannes allein, sondern aus dem der beiden Gatten zusammen, dem seinigen und dem ihrigen, oder dem Samen des Mannes und dem Menstrualblut. Nach der Lehre verschiedener Anatomen entsteht nämlich der Fötus nach Anordnung Gottes d. A. aus dem Menstrualblut; und zwar verhält sich dieses Blut wie die Milchsubstanz bei der Dickmilch, und der Samen des Mannes ist die Bedingung, daß das Menstrualblut sich verdickt und zusammenhaftet, so wie der Kälberlab[1)] bei der Milch die Bedingung dafür ist, daß sie als Dickmilch zusammenhaftet. Der weibliche Samen ist also ein wesentliches Element (*rukn*) für das Zusammenhaften, und die beiden Flüssigkeiten verhalten sich wie Angebot und Zuschlag (*ījāb wa-qabūl*) für die Geltung von Rechtsgeschäften. Wer ein Angebot macht, aber vor erfolgtem Zuschlag zurücktritt, vergeht sich nicht gegen die Vereinbarung, sie lösend oder brechend, ist aber einmal mit dem Angebot der Zuschlag verbunden, dann ist der Zurücktritt eine Aufhebung, Lösung und ein Bruch der Vereinbarung. Wie nun aus dem Samen des Mannes, solange er sich in dessen Lenden[2)] befindet, kein menschliches Wesen entstehen kann, so auch noch nicht durch den bloßen Austritt desselben ex membro virili[3)], bevor er nicht mit der Samenflüssigkeit oder dem Blute der Frau sich vereinigt hat. Das wäre also eine Analogie aus dem Rechtsgebiet.[4)]

Man könnte aber einwenden: Wenn der coitus interruptus[5)] nicht insofern etwas Verwerfliches (*makrūh*) ist, als er die Existenz eines menschlichen Wesens zerstört, so ist doch wohl denkbar, daß

1) *infaḥa*, *infiḥa* oder *infaḥḥa*.

2) Wörtlich „Rückgrat".

3) aus dem männlichen Glied.

4) So M.: *ḥukmī*; dagegen R.: *jalī* „eine deutliche Analogie".

5) unterbrochene Beischlaf.

er verwerflich ist infolge der Absicht, aus welcher er hervorgeht; denn es kann ihm nur eine schlechte Absicht zugrunde liegen, der ein gewisser Makel heimlichen Götzendienstes anklebt. Darauf antworte ich: Die Absicht, die zur Verhinderung der Empfängnis führt, kann eine fünffache sein:

Erstens bei Konkubinen der Wunsch, das Eigentumsrecht nicht dadurch zu vernichten, daß man ihnen das Recht auf Freilassung verschafft.[1] Dieses Bestreben, seinen Besitz zu wahren, dadurch daß man die Freilassung hintanhält und die dahin führenden Ursachen beseitigt, ist aber nicht verboten.

Zweitens kann jemand die Absicht haben, die Schönheit seiner Frau, ihre Frische und Anmut, ihr gesundes Aussehen[2] und ihre vollen Formen zu erhalten, um sie möglichst lange genießen zu können, oder auch die Absicht, ihr Leben zu erhalten, aus Furcht vor den Gefahren des Kindbetts. Auch das ist aber nicht verboten.

Drittens die Furcht, er könnte durch allzu viele Kinder in schwere Not geraten, und die Sorge, daß ihm die Beschaffung des Lebenunterhaltes zu große Mühe machen und ihn etwa verleiten könnte, sich auf unredliche Geschäfte einzulassen. Auch das ist nicht verboten; denn wer wenig zeitliche Sorgen hat, kann um so mehr für das Ewige tun. Die höchste Vollkommenheit besteht freilich darin, auf Gott d. A. zu vertrauen und auf seine Bürgschaft sich zu verlassen, gemäß seinen eigenen Worten (Sūra 11, 6): „Kein Tier auf Erden gibt es, für dessen Unterhalt Gott nicht sorgte." Zweifellos steht ein solcher nicht auf dem Gipfel der Vollkommenheit und unterläßt das Bessere. Aber wir kön-

1) Das Recht auf Freilassung erhält die Konkubine eo ipso dadurch, daß sie Mutter wird.

2) *nashāṭ*, *naḍāra* und *laun* fehlen bei R.

nen nicht behaupten, daß das Rechnen mit der Zukunft und das Zusammenhalten des Vermögens verboten sei, wenn diese auch das unbedingte Vertrauen auf Gott aufheben.

Viertens die Furcht, daß einem Mädchen geboren werden könnten, deren Verheiratung mit Unannehmlichkeiten verknüpft ist, weswegen die alten Araber sogar die Mädchen töteten.[1] Das ist allerdings böse Absicht, und wenn jemand deswegen das Heiraten selbst oder die Beiwohnung unterläßt, so sündigt er wegen der Absicht, nicht wegen der Unterlassung von Heirat und Beiwohnung an sich, und das gleiche gilt für die interruptio coitus[2]. Eine Sunna des hochgebenedeiten Gottgesandten für eine Unannehmlichkeit zu halten ist aber eine besonders schlimme Sache. Es ist das gerade so, wie wenn eine Frau das Heiraten unterläßt, weil sie keinen Mann über sich haben will, und selbst männliche Manieren annimmt. Auch hier liegt die Verwerflichkeit (*karāha*) nicht in der Unterlassung des Heiratens an sich.[3]

Fünftens kann es vorkommen, daß eine Frau aus Ziererei das Heiraten unterläßt und aus übertriebener Ängstlichkeit in Sachen der rituellen Reinheit und weil sie die Entbindung und den damit verbundenen Blutverlust sowie das Stillen scheut. So machten es die Frauen der Khārijiten[4], die übermäßg viel Wasser zur Reinigung verbrauchten, ja sogar die Gebete der Menstruationstage nachholten und den Abort nur ohne Kleider betraten. Solches ist Neuerung, die im Widerspruch steht zur

1) *ya'taqid* „er meint" fehlt bei M.

2) Unterbrechung des Beischlafs.

3) R.: *fī 'ain tark al-nikāḥ*. Die von M. angeführte Variante *fī ghair tark* ist fehlerhaft.

4) „Sezessionisten", die älteste der Oppositionsparteien im Islam. Vgl. *Enzykl. des Islam II*, Artikel Khāridjiten.

Sunna, und eine schlechte Absicht. Als eine von ihnen bei der gottseligen ʿĀʾisha während ihres Aufenthaltes in Basra vorsprechen wollte, verweigerte ihr diese den Zutritt. Auch hier liegt aber die Schlechtigkeit in der Absicht, nicht in der Vermeidung der Kindererzeugung.

Sollte uns aber der Ausspruch des Hochgebenedeiten entgegengehalten werden: „Wer aus Furcht vor Familiensorgen das Heiraten unterläßt, der gehört nicht zu uns",[1] ein Ausspruch, den er dreimal wiederholte, so antworten wir: Die interruptio coitus[2] ist gleichzustellen der Unterlassung des Heiratens. Der Ausdruck „gehört nicht zu uns" will besagen: er handelt nicht unserer Sunna und unserer „Regel" (*ṭarīqa*) gemäß, unsere Sunna ist aber, das Vollkommenere zu tun.

Man könnte uns aber den Ausspruch des Hochgebenedeiten entgegenhalten: „Die interruptio coitus[2] ist geheimer Kindesmord", wobei er das Gotteswort (Sūra 81, 8) rezitierte: „Und wenn die Getötete[3] gefragt wird ..."; dieser Bericht finde sich sogar im *Ṣaḥīḥ*.[4] Darauf entgegnen wir: Im *Ṣaḥīḥ* finden sich aber auch Traditionen[5], die ausdrücklich für die Erlaubtheit jener Praxis sprechen. Der Ausdruck „versteckter Kindesmord" ist

1) Vgl. oben S. 26.

2) Unterbrechung des Beischlafs.

3) *mawʾūda* „das lebendig begrabene Mädchen".

4) Vollständig *al-jāmiʿ al-ṣaḥīḥ* „gesunde Sammlung", nämlich von „gesunden", d. h. echten Traditionen. Diesen Titel führen die beiden angesehensten Traditionssammlungen, die von AL-BUKHĀRĪ (gest. 256 = 870) und MUSLIM (gest. 261 = 875). Nach M. steht diese Tradition bei MUSLIM und den übrigen vier authentischen Sammlungen, aber nicht bei AL-BUKHĀRĪ.

5) R. „authentische Traditionen".

ebenso zu beurteilen wie der andere „versteckter Götzendienst“[1]; darin liegt aber nur eine Mißbilligung, kein eigentliches Verbot.

Wollte man uns aber den Ausspruch des gottseligen Ibn ʿAbbās entgegenhalten: „Die interruptio coitus[2] ist die ‚kleine Kindestötung‘, denn das Wesen, dessen Existenz dadurch hintangehalten wird, ist die ‚kleine Getötete‘ (*al-mauʾūda al-ṣughrā*)“, so antworten wir: Hier wird die Zerstörung einer Existenz gefolgert, die gar nicht vorhanden ist.[3] Das ist aber eine schwache Argumentation. Deshalb tadelte ihn der gottselige ʿAlī b. abī Ṭālib, als er das hörte, mit den Worten: „Ein Kind wird es erst nach sieben“ d. h. den sieben Entwicklungsstufen, wobei er die Verse (Sūra 23, 12-14) rezitierte, die über die verschiedenen Phasen der Schöpfung des Menschen handeln, nämlich: „Wir schufen den Menschen aus reinstem Ton, dann setzten wir ihn als Samentropfen in eine sichere Stätte“ usw. bis „alsdann brachten wir ihn hervor als eine andere Schöpfung.“ Dann rezitierte er das andere Gotteswort (Sūra 81, 8): „Und wenn die lebendig Begrabene (*al-mauʾūda*) gefragt wird, ...“ Wer die von uns oben aufgeführten Analogien und Beispiele erwägt, dem wird einleuchten, wie ganz anders der gottselige ʿAlī in die Dinge eingedrungen ist und die Sachen versteht als der gottselige Ibn ʿAbbās. Für unsere Ansicht spricht auch die allgemein angenommene, vom gottseligen Jābir überlieferte Tradition, die in

1) Nach *Qūt II*, 256: *daqīqa min al-shirk al-khafī* (versteckter Götzendienst im kleinen), weil das *ʿazl* ein *waʾd* im kleinen, somit ein Überrest sei aus der Zeit des Heidentums oder Götzendienstes.

2) Unterbrechung des Beischlafs.

3) So verstehe ich den Satz: *hādha qiyās li-dafʿ al-wujūd ʿalā qaṭʿihi*. Denkbar wäre auch die Übersetzung: „Diese Argumentation versucht etwas zu negieren, dessen Existenz unzweifelhaft feststeht.“ Aber damit läßt sich m. E. hier kein ansprechender Sinn verbinden.

den beiden *Ṣaḥīḥ* sich findet: „Soliti eramus interrumpere coitum[1] zur Zeit des hochgebenedeiten Propheten, als noch Offenbarungen ergingen“, und nach einer anderen Fassung: „Soliti eramus interrumpere coitum,[1] und als der hochgebenedeite Prophet davon hörte, verbot er es uns nicht.“[2] Daselbst[3] findet sich auch noch folgende auf Jābir zurückgehende Tradition: „Zum hochgebenedeiten Gottgesandten kam einmal ein Mann und erzählte, er habe ein Mädchen, das ihm die Hausarbeiten verrichte und die Palmen bewässere, er verkehre auch mit ihr, möchte aber nicht, daß sie schwanger werde. Da erwiderte der Hochgebenedeite: ‚Interrumpe coitum, si vis,[4] denn was ihr beschieden ist, dem wird sie nicht entgehen‘. Nach einiger Zeit kam der betreffende Mann wieder zum Propheten und erzählte ihm, das Mädchen sei schwanger geworden. ‚Ich sagte dir ja‘, entgegnete der Prophet, dem, was ihr beschieden ist, wird sie nicht entgehen‘.“ All das findet sich in den beiden *Ṣaḥīḥ*.[5]

1) „Wir waren gewohnt, die Vereinigung zu unterbrechen.“

2) Vgl. AL-BUKHĀRĪ, *Kitāb al-nikāḥ* nr. 96. Wir haben hier das Beispiel einer *sunnat al-sukūt oder al-taqrīr*, indem das Schweigen des Propheten als Gutheißung aufgefaßt wird.

3) In Wirklichkeit nur bei MUSLIM, nicht bei AL-BUKHĀRĪ. (M.)

4) ‚Unterbrich die Vereinigung, wenn du kannst‘.

5) Von Jābir wird auch noch folgende Tradition überliefert: Wir sagten einmal zum Propheten: „Soliti eramus interrumpere coitum [wir waren gewohnt, die Vereinigung zu unterbrechen], aber die Juden meinen, solches sei ‚die kleine Kindestötung‘“. Da entgegnete der Prophet: „Die Juden lügen. Wenn Gott etwas schaffen will, so hält ihn nichts davon ab.“ – Ein weiterer, von MUSLIM und AL-NASĀ'Ī überlieferter Bescheid des Propheten in dieser Frage: „*lā ʿalaikum an lā tafʿalū, fa-innamā huwa al-qadar*“ läßt sich in dem einen oder anderen Sinne deuten.

11. Geburt von Kindern.

Es sind dabei fünf Dinge zu beobachten:

ERSTENS der Mann soll sich nicht allzu sehr freuen über die Geburt eines Knaben und über die eines Mädchens nicht übermäßig traurig sein, denn er weiß nicht, von welchem von beiden er mehr Gutes zu erwarten hat. Wie mancher Vater eines Sohnes wünscht, daß er keinen hätte oder daß es eine Tochter wäre. Jedenfalls bereiten die Töchter weniger Sorge und sind die Ursache größerer Belohnung. So sagt der Hochgebenedeite: „Wer eine Tochter hat und diese ordentlich erzieht, ordentlich nährt und ihr in reichlichem Maße die Güter zuteil werden läßt, die ihm Gott beschert, den bewahrt[1] sie vor der Hölle und sie ebnet ihm den Weg zum Himmel." Und der gottselige Ibn ʿAbbās: „Jeder, der zwei Töchter bekommt und ihnen Gutes erweist, solange sie bei ihm sind, den führen sie ins Paradies ein."

Nach dem Berichte des Anas sagte der hochgebenedeite Prophet: „Wer zwei Töchter oder zwei Schwestern hat und ihnen Gutes erweist, solange sie bei ihm sind, der wird mit mir im Paradiese sein wie diese beiden."[2]

Ein weiterer Ausspruch des hochgebenedeiten Gottgesandten lautet nach dem Berichte des Anas: „Wer auf den Markt der Muslime[3] geht und etwas kauft, es nach hause bringt und damit seine Töchter, nicht seine Söhne bedenkt, auf den sieht Gott gnädig hernieder, und auf wen Gott gnädig herniedersieht, den bestraft er nicht."

1) M. *ma'mana*, R. *maymana*.
2) Vgl. oben S. 66 Anm. 3.
3) Vgl. *Isl. Ethik I*, 73, Anm. 1.

Ein weiterer Ausspruch des hochgebenedeiten Propheten nach demselben lautet: „Wer seiner Familie ein Geschenk vom Markt nach Hause bringt, der bringt ihnen gewissermaßen ein Almosen, um es ihnen zu spenden; er fange aber mit den Mädchen an, nicht mit den Knaben, denn wer ein weibliches Wesen erfreut, der weint sozusagen aus Furcht vor Gott, und wer aus Furcht vor Gott weint, dessen Leib bewahrt Gott vor dem Höllenfeuer."

Ein Ausspruch des hochgebenedeiten Propheten nach der Tradition des ehrwürdigen Abū Huraira lautet: „Wer drei Töchter oder Schwestern hat und Not und Drangsal mit ihnen erduldet, den läßt Gott in den Himmel eingehen, weil er gegen sie so gütig gewesen." „Und wenn es nur zwei sind, Gottgesandter?" fragte jemand. „Auch wenn es nur zwei sind", erwiderte er. „Und wenn es nur eine ist", fragte ein anderer. „Auch wenn es nur eine ist", antwortete er.

ZWEITENS soll er in das rechte[1] Ohr des Neugebornen den Gebetsruf sprechen. Nach einem Bericht des Rāfiʿ erzählte dessen Vater[2]: „Ich sah, wie der hochgebenedeite Gottgesandte dem Ḥusain[3] den Gebetsruf ins Ohr sprach, als ihn die gottselige Fāṭima[4] geboren hatte."

Es wird auch vom hochgebenedeiten Propheten der Ausspruch überliefert: „Wem ein Kind geboren wird, der soll in sein rechtes Ohr den Gebetsruf und in sein linkes die Iqāma[5] sprechen.

1) Fehlt bei M.
2) Abū Rāfiʿ, ein Klient des Propheten, den dieser von ʿAbbās zum Geschenk erhalten hatte.
3) Variante: Ḥasan. Vgl. über beide *Enzykl. d. Islam II*, 290 ff. und *II*, 360 f.
4) Tochter des Propheten und Frau des ʿAlī. Vgl. *Enzykl. d. Islam II*, 89 ff.
5) Der zweite Gebetsruf; vgl. *Enzykl. d. Islam II*, 487.

Dadurch wird die „Kinderhexe" (*umm al-ṣibyān*)[1] von ihm ferngehalten.

Zu empfehlen ist es auch, dem Kinde, sobald es überhaupt sprechen kann, die Worte *lā ilāha illā 'llāh* (es ist kein Gott außer Allāh) beizubringen, damit dies seine ersten Worte seien.

Die Beschneidung am siebenten Tag zu vollziehen, entspricht der bekannten Tradition.[2]

DRITTENS soll man dem Kind einen schönen Namen geben, und zwar hat es darauf ein Anrecht. Der Hochgebenedeite sagt: „Wenn ihr einen Namen gebt, so wählt einen mit *'abd* (Diener)." Weiter sagt er: „Am liebsten hat Gott die Namen 'Abdallāh und 'Abd al-Raḥmān."

Ferner: „Nennt andere nach meinem Namen, aber nicht nach meinen Beinamen." Nach Ansicht der Gelehrten galt dieses Verbot indes nur für die Zeit des Hochgebenedeiten, da er mit Abū 'l-Qāsim angeredet wurde, gegenwärtig aber sei es bedeutungslos. Allerdings[3] soll man nicht jemandem zugleich den Namen und auch den Beinamen des Propheten beilegen, weil er selbst gesagt hat: „Nennt niemanden zugleich mit meinem Namen und meinem Beinamen"; aber auch dieses Verbot galt nach manchen nur zu Lebzeiten des Propheten.[3]

1) So nach M. *al-tābi'a* (vgl. Lane, s. v.) *min al-jinn*, sonst aber (vgl. Laue, 1650 c) als Flatulenz, welche die Kinder befällt, oder als Epilepsie erklärt; nach dem *Kitāb al-muraṣṣa'* (ed. Seybold), S. 135 „Flatulenz" oder „Eule" (*būm*).

2) „Der hochgebenedeite Gottgesandte schnitt dem Ḥasan und Ḥusain am siebten Tage das Haar ab – vgl. viertens – und vollzog an ihnen die Beschneidung." (M.)

3) – 3) Folgt bei M. etwas später.

Als jemand seinen Sohn Abū ʿĪsā nannte, meinte der Hochgebenedeite: „ʿĪsā (Jesus) hat keinen Vater“, dieser Name mißfiel ihm also.[1]

Auch einem frühgeborenen Kinde muß man einen Namen geben. So sagt ʿAbd al-Raḥmān b. Yazīd b. Muʿāwiya: „Ich habe gehört, daß die Frühgeburt am jüngsten Tage hinter ihrem Vater herschreien wird: ‚Da hast mich als nichts geachtet und ohne Namen gelassen‘.“ Als ihm ʿUmar b. ʿAbd al-ʿAzīz erwiderte: „Wie kann ich ihm denn einen Namen geben, wenn ich nicht weiß, ob es ein Knabe ist oder ein Mädchen?“, antwortete ʿAbd al-Raḥmān: „Es gibt Namen, die für beide Geschlechter passen, wie Ḥamza, ʿUmāra, Ṭalḥa, ʿAtaba.“

Der Hochgebenedeite sagt: „Ihr werdet am jüngsten Tag mit euren Namen und denen eurer Väter gerufen werden. Darum achtet bei euch auf schöne Namen.“

Wer einen Namen trägt, der ihm mißfällt, der handelt löblich, wenn er ihn abändert. So änderte der hochgebenedeite Gottgesandte den Namen des ʿĀṣ[2] in ʿAbdallāh um.[3] Wie Abū Huraira berichtet,[4] hieß Zainab früher Barra. Der Prophet meinte jedoch, es liege darin ein Selbstlob,[5] und nannte sie darum Zainab.

1) Nach M. ist auch gegen diese Bezeichnung nichts einzuwenden. Eine ganze Anzahl Gelehrter führte diesen Beinamen, u. a. auch al-Tirmidhī, der Verfasser einer der sechs anerkannten Traditionssammlungen. Man vergleiche auch Goldziher in der *Zeitschr. d. Deutschen Morgenl. Ges.* 51 (1897) S. 286 ff.

2) „Widersacher, Rebell.“

3) Hier steht bei M. der oben S. 150 (Anm. 3) ausgelassene Passus.

4) Fehlt bei R.

5) *barra* ist „innocens, pia“ [unschuldig, heilig]. Es handelt sich um Zainab bint abī Salama, vgl. IBN SAʿD, *Tabaqāt VIII*, 338.

Desgleichen ist es verboten, die Namen *Aflaḥ* (glücklich), *Yasār* (Wohlstand), *Nāfiʿ* (nützend), *Baraka* (Segen) zu verwenden. Sonst könnte nämlich der Fall eintreten, daß jemand fragt: „Ist Baraka (Segen) dort?" und daß die Antwort lautet: „Nein."

VIERTENS das ʿAqīqa-Opfer, bestehend aus zwei Schafen bei einem Knaben und aus einem Schaf bei einem Mädchen. Doch genügt im Notfall ein einziges Schaf auch für einen Knaben. Nach dem Bericht der gottseligen ʿĀʾisha hat der hochgebenedeite Prophet angeordnet, für einen Knaben zwei Schafe zu opfern und zwar solche, die zusammenpassen, und für ein Mädchen eines.[1] Es wird aber auch berichtet, daß er selbst für Ḥasan nur ein Schaf opferte, woraus sich ergibt, daß man sich mit einem einzigen begnügen darf.

Der Hochgebenedeite sagt: „Für das Kind ist eine *ʿaqīqa* nötig. Gießt also Blut für dasselbe aus, um das Übel von ihm abzuwenden."

Es ist Sunna, das Gewicht seines Haares in Gold oder Silber als Almosen zu geben. In einer Tradition heißt es nämlich, der Hochgebenedeite habe die gottselige Fāṭima am siebenten Tage nach der Geburt des Ḥusain beauftragt, sein Haar abzuschneiden und das betreffende Gewicht in Silber als Almosen zu spenden. Der gottseligen ʿĀʾisha zufolge darf dem ʿAqīqa-Opfertier kein Knochen gebrochen werden.

FÜNFTENS soll man dem Kinde mit einer Dattel oder mit einer anderen Süßigkeit den Gaumen einreiben. In einem Bericht der Asmāʾ[2] heißt es: „Als ʿAbdallāh b. al-Zubair geboren war, brachte ich ihn zum hochgebenedeiten Gottgesandten. Dieser

1) Nach M. im Gegensatz zur Praxis der Juden, die nur für Knaben ein Opfer darbrachten.

2) Tochter des Abū Bakr. Vgl. *Enzykl. des Islam*, I, 508.

setzte das Kind auf seinen Schoß, dann verlangte er eine Dattel, kaute dieselbe und spie sie ihm in den Mund. So war der Speichel des Propheten das erste, was in seinen Mund kam. Darauf sprach er über ihn Segenswünsche aus; so war ʿAbdallāh b. al-Zubair der erste, der im Islam geboren wurde.[1] Da freuten sich die Muslime gewaltig, denn man hatte ihnen gesagt, sie würden keine Kinder bekommen, weil die Juden sie verhext hätten."[2]

12. Ehescheidung.

Die Entlassung der Frau (*ṭalāq*) ist erlaubt, aber von allen erlaubten Dingen ist sie Gott am meisten verhaßt.[3] Auch ist sie nur dann erlaubt, wenn damit keine ungerechte Kränkung verbunden ist. Denn die Entlassung ist eine Kränkung; es ist aber nicht erlaubt, der Frau diese Kränkung anzutun, außer sie hat sich etwas

1) D. h. von den Quraish in Medīna; seine Geburt erfolgte im ersten oder zweiten Jahre der Hidschra.

2) AL-BUKHĀRĪ, *kitab al-ʿaqīqa* nr. 1.

3) So lautet eine bekannte Tradition, die, wie ich von Prof. M. Hartmann höre, gegenwärtig von den Jungtürken viel zitiert wird und die sogar berufen erscheint, bei der bevorstehenden Reform der Familiengesetze in der Türkei eine Rolle zu spielen. Nach M. ist das *ṭalāq* aber nicht an sich „verhaßt", – dann könnte es ja überhaupt nicht erlaubt sein, hat doch der Prophet selbst Frauen entlassen –, sondern nur insofern, als es letzten Endes die Erzielung von Nachkommenschaft gefährdet. Man vgl. auch den talmudischen Ausspruch (Gittin 90 b): „Wer sich von seiner Frau scheidet, der ist verhaßt bei Gott." (Frankel, *Grundlinien des mosaisch-talmudischen Eherechts*, S. XLIII.) –„Haß" gehört wie „Zorn, Mitleid" usw. zu den *aʿrāḍ nafsānīya*, von denen nur *ghāyatuhā*, nicht *mabdaʾuhā* von Gott ausgesagt werden kann; nach scholastischer Ausdrucksweise: Non praedicantur de Deo formaliter, sed eminenter [sie werden von Gott nicht als unverbrüchliche Eigenschaft, sondern in höherem Sinn ausgesagt].

zu schulden kommen lassen oder es liegt eine Notwendigkeit dazu auf seiten des Mannes vor. Gott d. A. sagt (Sūra 4, 34) – „Und wenn sie euch gehorchen, so unternehmt nichts gegen sie", d. h. sucht keinen listigen Vorwand für die Scheidung.

Wenn aber der Vater des Mannes eine Abneigung gegen die Frau hat, so soll der Mann sie entlassen. So berichtet der gottselige Ibn ʿUmar: „Ich hatte eine Frau und liebte sie auch, aber mein Vater[1)] mochte sie nicht und befahl mir, sie zu entlassen. Als ich mich deswegen an den hochgebenedeiten Gottgesandten wandte, sagte er zu mir: ‚Entlasse deine Frau, Ibn ʿUmar.'" Daraus geht hervor, daß das Recht des Vaters vor dem der Gattin geht. Voraussetzung dabei ist aber, daß der Vater sie nicht aus einem nichtigen Grunde haßt, [sondern mit Grund], wie das bei ʿUmar der Fall war.

Wenn die Frau den Mann kränkt und gegen seine Angehörigen sich ungehörig benimmt, so begeht sie ein Unrecht, desgleichen wenn sie bösartig ist oder in Sachen der Religion es fehlen läßt.

Nach Ibn Masʿūd ist in dem Gotteswort (Sūra 65, 1): „[Treibt sie nicht aus ihren Häusern,] und sie sollen nicht hinausgehen, außer sie hätten eine offenbare Schandtat (*fāḥisha*) begangen" der Fall gemeint, daß die Frau sich ungehörig gegen die Angehörigen des Mannes benimmt und diesen kränkt. Solches ist nämlich unter *fāḥisha* zu verstehen. Das genannte Verbot bezieht sich zwar nur auf die Wartezeit nach ausgesprochener Scheidung, aber es gilt indirekt auch für unseren Fall.

Ist jedoch die Kränkung vom Mann ausgegangen, dann kann die Frau durch Bezahlung einer Geldsumme sich loskaufen,[2)]

1) Der Kalife ʿUmar.

2) Der rechtliche Terminus für diese Art der Scheidung ist *khulʿ*.

und es wäre ungehörig (*makrūh*) vom Mann, wollte er von ihr mehr nehmen, als er ihr gegeben hat; denn das wäre Unrecht und Erpressung und würde die Ehe zu einer Art von Handel herabwürdigen. Gott d. A. sagt (Sūra 2, 229): „Es ist für keines von beiden eine Sünde, wenn die Frau sich mit etwas loskauft." Es ist also angemessen, daß sie das, was sie empfangen hat oder einen geringeren Betrag zurückgibt, um sich loszukaufen. Wenn sie aber ohne triftigen Grund die Scheidung verlangt, so versündigt sie sich, gemäß dem Ausspruch des Hochgebenedeiten: „Eine Frau, die ohne triftigen Grund von ihrem Mann die Scheidung verlangt, wird nicht den Duft des Paradieses kosten" oder nach einer anderen Lesart „der bleibt die Pforte des Paradieses verschlossen"; und nach einem anderen Bericht sagte der Hochgebenedeite: „Die auf Scheidung ausgehen, das sind Wankelmütige[1] (*munāfiqāt*)."

Außerdem hat der Mann bei der Entlassung der Frau auf vier Dinge zu achten:

ERSTENS muß er sie in der Zeit, da sie rein ist, entlassen und darf ihr seit der letzten Menstruation nicht beigewohnt haben. Die Scheidung während der Periode oder der Zwischenzeit, nachdem er ihr beigewohnt hat, ist eine „Neuerung" und darum verboten, – obschon sie gültig ist –, weil auf diese Weise die Wartezeit für die Frau verlängert würde. Hat der Mann aber in einer solchen Zeit die Scheidung gegen sie ausgesprochen, so soll er sie wieder zu sich nehmen. Als nämlich Ibn 'Umar seine Frau während der Menstruation verstoßen hatte, sagte der Hochgebenedeite zu 'Umar: „Befiehl ihm, sie wieder zu neh-

1) Auch dieser Ausspruch lehrt, daß die gewöhnliche Übersetzung des koranischen *munāfiq* durch „Heuchler" ungenau ist. Das Wort bedeutet vielmehr, dem aeth. *menāfeq* entsprechend, „zweifelnd, unentschieden, wankelmütig". Vgl. auch Nöldeke-Schwally, *Geschichte des Korans*, S. 88.

men, bis sie rein wird, eine andere Menstruation durchmacht und wieder rein wird. Dann mag er sie endgültig entlassen oder behalten, wie er will. Das ist die Wartezeit, welche Gott für den Fall der Entlassung einer Frau bestimmt hat."[1] Das Gebot, nach Widerrufung der Scheidung noch zwei Zwischenzeiten zu warten, ist deshalb gegeben, damit der Zweck der Widerrufung nicht die Scheidung allein sei.[2]

ZWEITENS soll sich der Mann auf eine einzige Scheidung beschränken und nicht die dreifache auf einmal aussprechen; denn die einfache Scheidung nach der Wartezeit erfüllt ihren Zweck, und er kann dann, falls er die Scheidung bereut, die Frau während der Wartezeit wieder nehmen und die Ehe, wenn er will, nach der Wartezeit erneuern. Hat er aber die dreifache Scheidung ausgesprochen, so bereut er das vielleicht nachträglich und braucht dann einen *muḥallil*,[3] der die Frau heiratet, und er muß lange Zeit warten. Übrigens ist der Vertrag mit einem *muḥallil* verboten, er würde aber damit zu einem solchen Anlaß geben.[4]

1) AL-BUKHĀRĪ, *Kitāb al-ṭalāq* nr. 1.

2) Im *Qūt II*, 258, 3 wird die während der Menstruation ausgesprochene Scheidung der dreimaligen gleichgestellt. Ibn Taimīya betrachtet sie als richtig.

3) Wörtlich: „der erlaubt macht", nämlich die Wiederaufnahme der früheren Ehe, nachdem er die betreffende Frau rite [mit den vorgeschriebenen Zeremonien, regelrecht] geheiratet und ihr beigewohnt hat. Vgl. oben S. 88 nr. 14. Gewöhnlich ist diese „Ehe" nur eine Fiktion. Genaueres darüber bei Lane, *Modern Egyptians*, Chapt. VI.

4) Ein im *Qūt II*, 258, 27 angeführter Ausspruch des Propheten lautet: „Verflucht sei der *muḥallil* und sein Auftraggeber (*al-muḥallal lahu*)." In der von Goldziher, Die Ẓāhiriten, S. 189 Anm. 2 angeführten Fassung geht noch voran: „Soll ich euch etwas sagen vom gemieteten Bock?", er meinte damit den *muḥallil*. Der heftigste Bekämpfer dieser abscheulichen Einrichtung war Ibn Taimīya (gest. 728 = 1328), der gegen sie ein eigenes Buch geschrieben hat. Vgl. *Enzykl. des Islam II*, 449.

Außerdem hängt in diesem Fall sein Herz am Weibe eines andern, und er verlangt ihre Scheidung, nämlich der Frau des *muḥallil*, die sie durch dessen Heirat geworden ist. Ferner muß ein solches Ereignis die Frau dem Manne entfremden.

All das ist die Frucht der dreifachen Scheidung, wo doch die einfache zur Erreichung des Zweckes vollkommen genügt hätte, ohne daß er etwas Ungesetzliches begehen würde. Damit will ich nicht bebaupten, daß das Aussprechen der dreifachen Scheidung verboten sei, es ist aber aus den angeführten Gründen ungehörig (*makrūh*), und zwar verstehe ich unter Ungehörigkeit (*karāha*) den Umstand, daß der betreffende die Rücksicht auf sich selbst außer acht läßt.[1)]

DRITTENS soll der Mann bei der Begründung der Scheidung schonend verfahren, ohne Verärgerung und ohne Geringschätzung der Frau, auch soll er sie durch ein Geschenk erfreuen und so einigermaßen für die ihr durch die Trennung verursachte Kränkung entschädigen, entsprechend dem Gotteswort (Sūra 33, 49): „Und entschädigt sie."[2)] Das ist für ihn Pflicht in dem Fall, daß er ihr bei der Verheiratung selbst keine bestimmte Summe als Brautgeld ausgesetzt hat.

Al-Ḥasan, der Sohn des ʿAlī, Gott begnade sie alle beide, war ein arger Ehescheider und Vielheirater. Einmal beauftragte er einen seiner Genossen, zweien von seinen Frauen die Scheidung zu überbringen mit dem Befehl, sie sollten die Wartezeit einhalten; auch ließ er einer jeden 10 000 Dirham auszahlen. Als der Bote nach Erledigung seines Auftrages zu al-Ḥasan zurückkam, fragte ihn dieser, wie die beiden sich benommen hätten. „Die eine",

1) Gemeint ist damit wohl die *karāhat tanzīh*, oben S. 139.

2) Diese Worte gelten aber nur für den Fall, daß er mit ihr die Ehe noch nicht vollzogen hat, ebenso Sūra 2, 236 f.

antwortete der Bote, „senkte den Kopf und blieb ruhig. Die andere hingegen fing an zu weinen und zu schluchzen, und ich hörte sie sagen: ‚Eine geringe Entschädigung für einen verlorenen Geliebten.'" Da schlug al-Ḥasan die Augen nieder, und sie tat ihm leid. „Wenn ich überhaupt eine Frau wieder nehmen würde, nachdem ich sie entlassen", meinte er, „so wäre es diese."

Eines Tages besuchte al-Ḥasan den 'Abd al-Raḥman b. Ḥārith b. Hishām [al-Makhzūmī], das Haupt der Gelehrten von Medina,[1] der in dieser Stadt nicht seinesgleichen hatte, den die gottselige 'Ā'isha meinte, als sie sagte: „Hätte ich doch nicht diese Reise[2] unternommen, das wäre mir lieber, als daß ich vom hochgebenedeiten Gottgesandten sechzehn[3] Söhne hätte, jeden von ihnen wie 'Abd al-Raḥmān b. Ḥārith b. Hishām." Diesen also besuchte al-Ḥasan in seinem Hause; er nahm ihn ehrenvoll auf und wies ihm seinen eigenen Platz an. „Warum hast du mich nicht holen lassen?" fragte er, „so wäre ich zu dir gekommen." „Ich habe eine Bitte an dich", entgegnete al-Ḥasan. „Was ist's?" fragte 'Abd al-Raḥmān. „Ich bin gekommen", antwortete al-Ḥasan, „dich um die Hand deiner Tochter zu bitten." 'Abd al-Raḥmān senkte die Augen, dann erhob er den Kopf und erwiderte: „Bei Gott, es gibt niemanden auf Gottes Erdboden, den ich höher schätze als dich, aber du weißt, daß meine Tochter ein Teil von mir ist, ihr Leid ist mein

1) Einer der „sieben Fuqahā", gest. im Jahre 43 (663). Er soll 15 Töchter gehabt haben. M. bedauert gewissermaßen den sonst so hochstehenden Mann, daß er nicht wie der Hamdānide in der folgenden Erzählung gehandelt und daß die natürliche, instinktmäßige Liebe (*al-ḥubb al-iḍṭirārī*) bei ihm mächtiger geblieben sei als die aus dem Willen hervorgehende Liebe (*al-ḥubb al-ikhtiyārī*). „Wen Gott nicht erleuchtet, dem fehlt eben das Licht", meint er.

2) Nach Baṣra, es handelt sich um die „Kamelsschlacht" im Jahre 36 (656). Vgl. *Enzykl. des Islam I*, 229 a.

3) Bei Ibn Sa'd, *Tabaqāt V*, I, 18: „zehn".

Leid und ihre Freude meine Freude. Du aber bist ein Ehescheider, und ich fürchte, du könntest auch sie wieder entlassen. Wenn du aber das tust, so fürchte ich, daß es mit meiner Liebe zu dir vorbei wäre; ich möchte aber nicht, daß meine Gesinnung gegen dich sich ändere, denn du bist ein Teil vom hochgebenedeiten Gottgesandten. Wenn du jedoch versprichst, sie nicht entlassen zu wollen, so gebe ich sie dir."[1] Da schwieg der gottselige Ḥasan, stand auf und entfernte sich. Einer von seinen Hausgenossen berichtet aber, er habe ihn sagen hören: „'Abd al-Raḥmān will seine Tochter nur zu einer Halskette für mich machen."

Dem gottseligen 'Alī waren die vielen Scheidungen al-Ḥasans sehr peinlich, er beklagte sie auch auf der Kanzel, und in einer Predigt sagte er sogar: „Al-Ḥasan ist ein Ehescheider, gebt ihm keine Frau mehr." Da stand ein Mann aus dem Stamm Hamdān auf mit den Worten: „Bei Gott, o Fürst der Gläubigen, wir geben ihm jede, die er verlangt, wenn er will, mag er sie behalten und wenn er will, sie wieder entlassen." Diese Rede gefiel dem 'Alī so sehr, daß er ausrief:

„Ich möchte Wächter an der Himmelspforte sein,
Den Hamdān rief ich zu: ‚Kommt wohlgemut herein!'"

Aus dieser Erzählung lernen wir, daß man nicht etwa seine Zustimmung äußern darf, wenn jemand aus einer gewissen Verlegenheit heraus einen lieben Angehörigen, sei es Frau oder Kind, tadelt. Eine solche Zustimmung wäre übel angebracht; die gute Sitte verlangt vielmehr, daß man soweit als möglich dagegen Verwahrung einlege. Das erfreut sein Herz und entspricht seiner wirklichen inneren Gesinnung.[2]

1) Der letzte Satz fehlt bei R.

2) M. *bāṭin ra'yihi*, R. *dā'ihi* „seinem inneren Übel". Die Geschichte auch im *Qūt II*, 246, aber ohne die feine Nutzanwendung.

Wir wollten mit dem Gesagten dartun, daß die Ehescheidung wirklich erlaubt ist. Verspricht doch Gott d. A. „Reichtum“ in gleicher Weise für die Scheidung sowohl als auch für die Heirat, wenn er sagt: (Sūra 24, 32) „Und verheiratet die Ledigen unter euch und eure braven Diener und Mägde. Sind sie arm, so wird Gott sie reich machen aus seinem Überfluß“, und andererseits (Sūra 4, 130): „Wenn die beiden sich trennen, so kann Gott sie aus seinem Reichtum entschädigen.“

VIERTENS soll der Mann, mag er sich von der Frau scheiden oder mit ihr verheiratet bleiben, in bezug auf sie Verschwiegenheit üben. Gegen die Aufdeckung des Geheimnisses der Frauen enthält eine authentische Tradition eine schwere Drohung.[1)]

Als einmal ein Frommer seine Frau entlassen wollte und man ihn fragte, was er gegen sie habe, antwortete er: „Ein Verständiger deckt nicht das Geheimnis seiner Frau auf.“ Und als man ihn nach der Scheidung fragte, warum er sie entlassen habe, erwiderte er: „Was geht mich die Frau eines anderen[2)] an?“

Soviel über die Pflichten des Mannes gegen die Frau.

1) Ein vom Propheten überlieferter Ausspruch lautet: „Die schwerste Verantwortung wird am jüngsten Tag der Mann vor Gott abzulegen haben, der mit seiner Frau intim verkehrt hat und sie mit ihm, und der dann ihr Geheimnis verrät.“ (M.)

2) Die sie mittlerweile geworden war.

II. Die Pflichten der Frau gegenüber dem Mann.

Alles, was hierüber zu sagen ist, ist in dem Satz enthalten, daß die Heirat eine Art Sklaverei bedeutet und daß die Frau die Sklavin des Mannes ist.[1] Deshalb hat sie ihm unbedingt und unter allen Umständen zu gehorchen in dem, was er von ihr und in bezug auf sie selbst verlangt, vorausgesetzt, daß es nichts Sündhaftes ist. Diese Pflicht der Frauen wird in einer großen Anzahl von Traditionen eingeschärft. So sagt der Hochgebenedeite: „Wenn einer Frau ihr Mann stirbt und er mit ihr zufrieden war, so kommt sie sicher in den Himmel."

Ein Mann, der auf die Reise ging, hatte seiner Frau das Versprechen abgenommen, daß sie nicht vom oberen Stockwerk des Hauses herabsteigen wolle. Als nun ihr Vater, der unter ihr wohnte, krank wurde, schickte sie zum hochgebenedeiten Gottgesandten und bat um die Erlaubnis, zu ihm hinabgehen zu dürfen. Der aber ließ ihr sagen: „Gehorche deinem Mann!" So starb denn ihr Vater; da fragte sie nochmals bei ihm an, aber er antwortete wieder: „Gehorche deinem Mann!" Nachdem ihr Vater begraben war, ließ ihr der hochgebenedeite Gottgesandte melden, daß Gott ihrem Vater seine Sünden verziehen habe, weil sie ihrem Gatten gehorsam gewesen.

Der Hochgebenedeite sagt ferner: „Wenn eine Frau die fünf täglichen Gebete verrichtet, den Fastenmonat hält, ihren Leib rein bewahrt und ihrem Gatten gehorsam ist, so wird sie in das

1) Freilich ist die Behandlung der Sklaven im Islam sehr milde. Unser Autor handelt darüber am Ende des 15. Buches.

Paradies ihres Herrn eingehen.“ Er stellt also den Gehorsam gegen den Gatten neben die Grundvorschriften des Islam.

Ferner sagt der Hochgebenedeite betreffs der Frauen: „Die empfangen, gebären, säugen und liebreich sind gegen ihre Kinder –, wenn sie nicht gegen ihre Gatten sich vergehen, so gehen diejenigen von ihnen, welche das Gebet verrichten, ins Paradies ein.“

Ferner sagt der Hochgebenedeite: „Ich habe einmal die Hölle gesehen, und die meisten ihrer Bewohner waren Frauen.“ „Wieso, Gottgesandter“, fragten ihn die Frauen.[1] „Weil sie soviel fluchen und gegen ihren Lebensgefährten (*al-ʿashīr*) undankbar sind[2], antwortete er; er meinte damit den Mann, mit dem sie zusammenleben.

Nach einer anderen Überlieferung sagte er: „Ich schaute das Paradies, und es waren nur sehr wenige Frauen darin. Als ich fragte, wo die Frauen seien, antwortete man: ‚Die geben sich mit den zwei roten Dingen ab, Gold und Safran‘“, d. h. mit Geschmeide und safrangefärbten Kleidern.

Wie die gottselige ʿĀ'isha berichtet, kam einmal eine junge Dame zum hochgebenedeiten Propheten und sprach zu ihm: „Ich bin eine junge Dame, Prophet Gottes, und werde viel umworben, aber ich möchte nicht gern heiraten. Was hat denn die Frau für Pflichten gegen den Mann?“ Er antwortete ihr: „Wenn der Mann von oben[3] bis unten mit Geschwüren bedeckt wäre und die Frau ihn ableckte, so hätte sie noch keineswegs ihre Dankespflicht erfüllt.“ „Dann heirate ich nicht“[4], erwiderte sie. „Doch“, entgegnete er, „heirate, das ist besser.“

1) M. „fragte ich“.

2) Vgl. AL-BUKHĀRĪ, *Kitāb al-nikāḥ* nr. 88.

3) R. *min qarnihi*, M. *farqihi*.

4) R. „ich soll also nicht heiraten?“

Wie Ibn ʿAbbās erzählt, kam eine Frau von den Khathʿam[1] zum hochgebenedeiten Propheten und sprach: „Ich bin eine unverheiratete Frau und möchte heiraten. Was hat denn der Mann für Rechte?" Er antwortete: „Der Mann hat von der Frau folgendes zu beanspruchen: Wenn er sie begehrt, darf sie sich ihm nicht versagen, auch wenn sie auf dem Rücken eines Kameles säße. Ferner darf sie nichts aus dem Hause weggeben außer mit seiner Erlaubnis; wenn sie es dennoch tut, so hat sie die Schuld dafür und er den Lohn. Ferner darf sie kein freiwilliges Fasten üben ohne seine Erlaubnis, falls er anwesend ist und sie ihn um Erlaubnis fragen kann;[2] tut sie es aber trotzdem, so leidet sie Hunger und Durst, ohne daß dieses Opfer angenommen wird. Ferner darf sie ohne seine Erlaubnis nicht ausgehen; wenn sie es dennoch tut, so verfluchen sie die Engel, bis sie zurückkehrt[3] oder[4] in sich geht."

Ferner sagt der Hochgebenedeite: „Wenn ich jemandem befehlen würde, sich vor einem andern niederzuwerfen, so würde ich der Frau befehlen, sich vor dem Mann niederzuwerfen, soviel hat der Mann von der Frau zu beanspruchen."

Der Hochgebenedeite sagt ferner: „Die Frau steht dann Gott am nächsten, wenn sie im Innern ihres Hauses weilt. Ihr Gebet im Hofe ihres Hauses ist mehr wert als das in der Moschee, und ihr Gebet im Innern des Hauses ist mehr wert als das im Hofe desselben, und ihr Gebet in ihrem Kämmerlein (*mukhdaʿ*) ist noch mehr wert als das letztere" – unter *mukhdaʿ* versteht man ein Gelaß im Haus – und zwar wegen seiner Verborgenheit. Darum

1) Ein südarabischer Stamm.

2) Dieser Bedingungssatz fehlt bei R.

3) R. „nach hause".

4) „oder" steht nach M. im Sinne von „und".

sagt der Hochgebenedeite: „Die Frau ist Blöße[1], und wenn sie ausgeht, reckt der Teufel nach ihr den Kopf." Ferner sagt er: „Die Frau hat neun Blößen, eine davon bedeckt der Mann, wenn er sie heiratet, und alle zehn das Grab, wenn sie gestorben ist."

Die Pflichten der Frau gegenüber dem Mann sind also zahlreich, die wichtigsten aber sind die folgenden: Erstens, daß sie sich in Verborgenheit bewahre; zweitens daß sie nichts vom Mann verlange, was nicht nötig ist, und nicht von dem Gebrauch mache, was er auf unrechtmäßige Weise erworben hat. So hielten es die Frauen zur Zeit der Altvordern. Wenn da ein Mann aus dem Hause ging, rief ihm seine Frau oder seine Tochter zu: „Hüte dich vor unlauterem Erwerb; denn wir können wohl Hunger und Ungemach vertragen, aber nicht das Höllenfeuer."

Einer von den Altvordern wollte einmal auf Reisen gehen, seine Nachbarn aber sahen es nicht gerne. Sie wandten sich darum an dessen Frau mit der Frage: „Warum läßt du deinen Mann reisen, ohne daß er dir den nötigen Unterhalt zurückgelassen hat?" „Mein Mann", antwortete sie, „war, solange ich ihn kenne, ein Fresser und kein Ernährer, ich habe aber einen Ernährer. Es geht also der Fresser fort, und der Ernährer bleibt da."[2]

Als Rābiʿa, die Tochter Ismāʿīls, den Aḥmad b. abī 'l-Ḥawārī[3] zur Ehe verlangte, wollte dieser nicht, da er ganz im Dienste Gottes aufging. „Mein Sinn", sprach er zu ihr, „steht nicht nach einem Weibe, ich habe vollauf mit mir zu tun." „Und ich", entgegnete sie, „habe noch im höheren Maße mit mir selbst zu tun

1) Im Türkischen ist dieses Wort (*ʿawret*) die gewöhnliche Bezeichnung für „Weib" geworden.

2) *Qūt II*, 247, 12 hat noch: „Aber trotzdem will ich ihm nichts Schlechtes wünschen und ihm nicht im Wege sein, das Gute zu verfolgen."

3) Vgl. über ihn *Kashf al-maḥjūb*, übers. von Nicholson, S. 118 f.

als du mit dir. Auch mich verlangt nicht nach einem Mann, aber ich habe von meinem Gatten ein großes Vermögen geerbt und möchte, daß du dieses für deine geistlichen Brüder verwendest und daß ich durch dich die Frommen kennenlerne und auf diese Weise den Weg zu Gott d. A. finde." „Da muß ich erst meinen Meister um Erlaubnis fragen", entgegnete Aḥmad. Er ging also zu Abū Sulaimān [al-Dārānī]. Dieser hatte ihm früher das Heiraten untersagt mit der Begründung, daß alle seine Schüler, die sich verheiratet hätten, schlechter geworden seien.[1] Als er aber ihre Rede gehört hatte, meinte er: „Heirate sie, lieber Aḥmad, denn sie ist eine Gottesfreundin; so reden die Ṣiddīqūn." „Ich heiratete sie also", berichtet Aḥmad selbst weiter; „wir hatten in unserer[2] Wohnung ein Schutzdach aus Gips; dieser ging ganz ab infolge des Händewaschens derer, die nach dem Essen schnell wieder fortmachten, ganz abgesehen von denen, die sich mit Ushnān[3] wuschen. Außer ihr heiratete ich noch drei andere Frauen. Rābiʿa setzte mir immer die besten Speisen vor, auch parfümierte sie mich und sagte: ‚Geh mit Lust und Kraft zu deinen Frauen.'" Diese Rābiʿa nahm in Syrien eine ähnliche Stellung ein wie Rābiʿa al-ʿAdawiya in Baṣra.[4]

1) Vgl. oben S. 34 f.

2) M. „in ihrer Wohnung".

3) Auch Ishnān gesprochen, eine kalihaltige Pflanze, aus der man eine Lauge bereitete.

4) Mit dem Beinamen Umm al-Khair (Spenderin des Guten), gest. 135 (752). Von ihr wird erzählt, daß sie, als sie Witwe geworden war, von Ḥasan al-Baṣrī zur Frau begehrt wurde. Dieser ging zu ihr in Begleitung seiner Freunde und klopfte an die Türe. Auf ihre Frage, wer draußen sei, antworteten die Freunde: „Mach' auf! Ḥasan al-Baṣrī, der Saiyid (princeps [Fürst]) der Nachfolger des Propheten, will um dich anhalten." „Sagt ihm", rief sie von innen heraus, „er möge sich nach einer anderen umsehen, die heiratslustig

Ferner ist es Pflicht der Frau, mit dem Vermögen des Mannes nicht verschwenderisch umzugehen, sondern es zusammenzuhalten. „Sie darf von seinem Besitz", sagt der hochgebenedeite Gottgesandte, „niemandem zu essen geben ohne seine Erlaubnis, außer es handle sich um frische Ware, die leicht verderben könnte. Wenn sie mit seinem Einverständnis jemandem zu essen gibt, so erhält sie dafür denselben Lohn wie er, tut sie es aber ohne seine Erlaubnis, so empfängt er den Lohn und sie die Strafe."

Andererseits haben die Eltern die Pflicht, ihre Tochter zu unterweisen, wie sie sich zu benehmen[1] und speziell ihrem Gatten gegenüber zu verhalten hat. So wird von Asmā' b.[2] Khārija al-Fazārī berichtet, daß er[2] seiner Tochter, als sie in das Haus ihres Gatten zog,[3] folgende Lehre mitgab: „Du gehst nun hinaus aus dem Nest, in dem du herangewachsen bist, und kommst zu einem Lager, das du nicht kanntest, und einem Genossen, der dir fremd war. So sei ihm denn eine Erde, und er wird dir ein Himmel sein, sei ihm ein Kissen und er wird dir eine Stütze sein, sei ihm eine Magd und er wird dir ein Knecht sein. Sei nicht zudringlich, damit er keine Abneigung gegen dich fasse; versage dich ihm nicht, damit er dich nicht vergesse; kommt er dir entgegen, so komme auch du ihm entgegen; hält er sich fern, so halte auch du dich von ihm fern; gib acht auf seine Nase, sein Ohr und sein Auge, damit er von dir nur Angenehmes rieche,[4] Gutes höre

ist wie er, ich habe jetzt mit mir selbst zu tun." Da ging Ḥasan fort und schämte sich. (M.)

1) M. *ma'īsha*, R. *mu'āshara*.

2) So richtig M., in R. fälschlich als Frau betrachtet.

3) M. *'inda zafāfihā ilā zaujihā*, R. *'inda 'l-tazawwuj*.

4) Nach M. ist damit gemeint, sie solle nicht mit Wasser sparen, das die alten Araber als das beste Parfüm betrachteten. Vgl. *Kitāb al-aghānī XVIII*, 128, 16.

und Schönes sehe." In der Nacht, da ich deine Mutter zum Weibe nahm, sprach ich zu ihr:[1)]

Nimm, was übrig ist, von mir, so wirst du dir dauernd meine Liebe erhalten, und entgegne mir nicht, wenn ich ausfällig werde in meiner Erregung.

Niemals schlage nach mir, wie du das Tamburin schlägst, denn du weißt nicht, wie das Alleinsein tut.[2)]

Klage nicht zu viel, das könnte die Liebe vertreiben, so daß mein Herz dich nicht mehr mag, die Herzen sind ja wandelbar.[3)]

Denn wo ich Liebe und Verdruß in einer Brust vereint gesehn, hielt die Liebe nicht stand, sondern machte sich davon."

Wir wollen die Pflichten der Frau gegenüber dem Mann noch einmal zusammenfassen: Die Frau soll im Innern des Hauses bleiben und an ihrem Spinnrad sitzen,[4)] nicht viel auf das Dach steigen und sich dort umsehen. Mit den Nachbarn soll sie nicht viel reden und nur in dringenden Angelegenheiten sie besuchen. Sie soll stets ihren Mann im Sinne haben, mag er gegenwärtig oder abwesend

1) So abweichend vom Text nach *Qūt II*, 255; unser Text: „Ein Mann sagte zu seiner Frau", als ob hier eine neue Geschichte anfinge. Daß in Wirklichkeit beide Teile zusammengehören, ergibt sich auch aus *Kitāb al-aghānī XVIII*, 128-131; darnach handelt es sich in dieser Anekdote um Asmā's Tochter Hind, die ihr Vater, nachdem sie schon mit verschiedenen anderen vornehmen Männern verheiratet gewesen, dem berühmten Ḥajjāj (vgl. *Enzykl. d. Islam II*, 214) zur Frau gab.

2) d. h. „ich würde dich sofort verlassen." So nach Herrn Prof. Fischer, der *mughayyibu* liegt im Sinne des gewöhnlicheren *mughību*. Die Lesung *mughayyabu* würde ergeben: „Du weißt nicht, wie das Verborgene steht." Statt *naqraki* steht im *Kit. al-aghānī*: *naqrata*.

3) *al-qulūbu tuqallabu*, ein häufig wiederkehrendes Wortspiel. Das Herz hat angeblich den Namen von seiner Wandelbarkeit. Im *Kit. al-aghānī*: *naqrata* und der Druckausgabe des *Qūt* fehlt übrigens dieser Vers.

4) Das Spinnen ist Sache der Frauen wie das Schreiben Sache der Männer. (M.)

sein, und in allen Dingen ihm Freude zu machen suchen; sie soll ihm die Treue halten, in bezug auf sie selbst und sein Vermögen. Sie soll das Haus nicht verlassen außer mit seiner Erlaubnis,[1] und wenn sie ausgeht, sich in abgetragene Kleider hüllen und wenig begangene Wege wählen, die Hauptstraßen und Märkte dagegen vermeiden. Auch soll sie darauf achten, daß kein Fremder ihre Stimme höre oder an ihrem Äußern sie erkenne; in keiner Sache darf sie sich an einen Freund ihres Mannes wenden, vielmehr soll sie sich vor demjenigen, von dem sie annimmt, daß er sie kenne, oder den sie kennt, unkenntlich machen oder ihm zu verstehen geben, daß sie notwendig etwas zu besorgen oder für den Haushalt einzuholen habe. Sie soll ferner die vorgeschriebenen Gebetszeiten und Fasten beobachten. Begehrt ein Freund ihres Mannes[2] an der Türe Einlaß und der Mann ist nicht zuhause, so soll sie ihn nicht nach seinem Begehr fragen und sich in kein Gespräch mit ihm einlassen[3] in peinlichster Rücksichtnahme auf sich selbst und ihren Gatten. Ferner soll sie zufrieden sein mit dem, was Gott d. A. ihrem Gatten beschert hat. Der Mann soll bei ihr an erster Stelle stehen, dann erst soll sie selbst und ihre Verwandten kommen. Auch soll sie bei sich auf peinliche Sauberkeit achten und in jeder Hinsicht stets so beschaffen sein, daß der Mann sie genießen kann, wenn er will. Auch soll sie zärtlich sein gegen ihre Kinder, wenn sie solche von ihm hat, sie hegen und pflegen[4] und sie sorgsam hüten, auch die Kinder so wenig als möglich schelten und möglichst wenig dem Manne widersprechen.

1) Fehlt bei M.

2) *li-ba'libā* fehlt bei M.

3) Nach M. soll sie sogar die Hand vor ihren Mund halten und ihre Stimme so verändern, daß der Besucher meint, eine alte Frau vor sich zu haben.

4) Fehlt bei R.

Der Hochgebenedeite sagt: „Ich und eine Frau mit bräunlichroten Wangen werden im Paradies sein, wie diese beiden,[1] eine Frau nämlich, die Witwe geworden ist und in Zurückgezogenheit ihren Kindern lebt, bis sie erwachsen sind oder sterben.“ Ferner sagt der Hochgebenedeite: „Gott läßt keinen Sterblichen vor mir ins Paradies eingehen. Wie ich aber nach rechts blicke, sehe ich eine Frau, die mir auf die Paradiesespforte zu vorauseilt. Auf meine Frage: ‚Wer ist die da, die mir vorauseilt?‘ antwortet man mir: ‚Diese Frau, Muḥammed, war hübsch und ansehnlich, und sie hatte von ihrem verstorbenen Mann mehrere Kinder. Für diese sorgte sie, bis sie erwachsen waren. Dafür hat sie Gott in dieser Weise belohnt.‘“

Ferner darf die Frau dem Mann gegenüber sich nicht mit ihrer Schönheit brüsten, und ihn nicht verachten, falls er häßlich sein sollte. Al-Aṣmaʿī[2] erzählt folgendes: „Während meines Aufenthaltes bei den Wüstenarabern sah ich eine ausnehmend schöne Frau, die an einen Ausbund von Häßlichkeit verheiratet war. Als ich sie fragte, ob sie mit einem solchen Mann zufrieden sein könne, antwortete sie: ‚Sei still, du, das war eine schlechte Rede von dir; vielleicht hat der bei seinem Schöpfer sich Verdienste erworben und er mich ihm dafür als Belohnung gegeben, oder vielleicht habe ich mich gegen meinen Schöpfer vergangen und ihn dafür zur Strafe bekommen. Soll ich nicht das für gut finden, was Gott für mich gut gefunden hat?‘ Ich wußte darauf nichts zu erwidern.“ Derselbe Aṣmaʿī berichtet ferner: „Ich sah bei den Beduinen eine Frau, die ein rotes Kleid trug, mit Ḥinnā geschminkt

1) Vgl. oben S. 66.

2) Einer der berühmtesten arabischen Philologen, aus Baṣra, gest. 213 (828). Er studierte besonders die Sprache der Wüstenaraber, die nach allgemeiner Ansicht das reinste Arabisch darstellte. Vgl. *Enzykl. des Islam I*, 509.

war und in der Hand einen Rosenkranz hielt. ‚Wie kommen so ganz verschiedene Dinge zusammen?', fragte ich. Sie antwortete:

‚Gegen Gott hab' ich Pflichten, die ich nicht versäume,
Doch auch Spielen und Tändeln ist meine Pflicht.'

Daraus entnahm ich, daß es eine brave Frau war und daß sie nur darum sich schminkte, um ihrem Mann zu gefallen."

Ferner soll die Frau in Abwesenheit ihres Mannes ordentlich und eingezogen leben, und sobald er wieder da ist, zu heiterem Frohsinn und allem, was Freude macht, zurückkehren.

Ferner darf sie ihren Mann in keiner Weise ärgern. Mu'ādh b. Jabal berichtet vom hochgebenedeiten Gottgesandten den Ausspruch: „Wenn eine Frau ihren Mann hienieden ärgert, so ruft die für ihn bestimmte großäugige Ḥūrī aus: ‚Ärgere ihn nicht, sonst gnade dir Gott, denn er ist bei dir nur zu Gaste und wird dich bald verlassen, um zu uns zu kommen.'"

Zu den Pflichten der Frau als Gattin gehört auch die, daß sie, wenn ihr Mann stirbt, nicht länger als vier Monate und zehn Tage um ihn trauere. Während dieser Zeit darf sie weder sich parfümieren noch sich schminken. „Ich besuchte einmal", erzählt Zainab bint abī Salama,[1] „die Umm Ḥabība, eine der Frauen des hochgebenedeiten Propheten, als gerade ihr Vater, Abū Sufyān Ṣakhr b. Ḥarb, gestorben war.[2] Sie verlangte ein Parfüm mit gelbem *khalūq*[3], damit salbte sie zuerst eine Sklavin, dann bestrich sie sich ihre Wangen. „Bei Gott", meinte sie, „ich habe kein Bedürfnis, mich zu parfümieren, aber ich habe den hochgebenedeiten Gottgesandten sagen hören: ‚Eine Frau, die an Gott

1) Früher hatte sie Barra geheißen, vgl. oben S. 151 Anm. 5.

2) Im Jahre 31 (651) oder wenig später. Er war der Hauptführer der dem Propheten feindlichen Adelspartei in Mekka. Vgl. *Enzykl. des Islam I*, 114.

3) Ein oft genanntes Parfüm.

und den jüngsten Tag glaubt, darf um einen Toten nicht länger als drei Tage trauern, um den Gatten aber vier Monate und zehn Tage.‘“ Und zwar muß sie in dem Hause, worin sie mit ihrem Gatten wohnte, die ganze Wartezeit verleben, sie darf also nicht zu ihren Angehörigen gehen und überhaupt nur im Notfall das Haus verlassen.

Ferner soll sie alle Dienste im Hause verrichten, die sie kann.[1]) Asmā’[2]), die Tochter des gottseligen [Abū Bakr] al-Ṣiddīq, berichtet folgendes: „Als al-Zubair [b. al-‘Awwām][3]) mich heiratete, hatte er kein Besitztum, auch keinen Sklaven, überhaupt nichts als sein Reitpferd mit dem dazugehörigen Wasserkamel. Ich fütterte sein Pferd, versorgte und pflegte es, auch klopfte ich die Dattelkerne für sein Kamel, fütterte es und holte mit ihm Wasser,[4]) ferner flickte ich seinen Wassereimer[5]) und knetete das Schrotkorn, und die Dattelkerne trug ich eine Dreiviertelstunde[6]) weit auf meinem Kopf heran. Schließlich schickte mir

1) Das ist aber nach der Lehre des Shāfi‘ī nur erwünscht, nicht strikte Pflicht. Nach M. gehören dahin folgende Arbeiten: das Haus kehren, das Bett machen, die Spinngewebe beseitigen, kochen, kneten und backen, die Tiere füttern und tränken, die Wassergefäße füllen usw.

2) Sie starb, über 100 Jahre alt, im Jahre 73 (692). Vgl. *Enzykl. des Islam I*, 508.

3) Vetter des Propheten und einer der ersten Gläubigen, gest. am Tage der Kamelsschlacht (36 = 656).

4) Darnach ist die Stelle bei IBN SA‘D VIII, 182, 23 zu berichtigen und zu lesen *li-nāḍiḥihi statt al-nāḍiḥa* (also nicht mit De Goeje, *Zeitschrift der Deutschen Morgenl. Gesellsch.* 59 [1905], S. 408: *al-nāḍija*), ferner *astaqī* statt *asqīhi*. Ibn Sa‘d hat noch: „Da ich nicht backen konnte, so buken für mich die Nachbarsfrauen von den Anṣār; das waren treue Seelen.“ So auch bei AL-BUKHĀRĪ, *Kitab al-nikāḥ* nr. 107.

5) Die Eimer bestanden aus Leder.

6) Wörtlich 2/3 Farsakh (Parasange). Der arabische Farsakh war drei arab. Meilen oder 5762,8 m lang. Vgl. *Enzykl. des Islam II*, 73.

Abū Bakr eine Dienerin, welche mir die Pferdepflege abnahm, da fühlte ich mich wie aus der Sklaverei erlöst. Einmal traf ich den hochgebenedeiten Gottgesandten mit seinen Gefährten, als ich gerade Dattelkerne auf dem Kopfe trug. Der Hochgebenedeite ließ sein Kamel mit dem Rufe „ikh, ikh" niederknien und mich hinter sich aufsitzen. Ich schämte mich aber, so in Gesellschaft der Männer dahinzureiten, und dachte an al-Zubair und seine Eifersucht, denn es gab keinen eifersüchtigeren Menschen als ihn. Und der hochgebenedeite Gottgesandte merkte wohl, daß ich mich schämte. Als ich dann zu al-Zubair kam und ihm den Vorfall erzählte, meinte er: ‚Bei Gott, es ist mir unangenehmer, daß du Dattelkerne auf dem Kopfe getragen hast[1], als daß du mit ihm zusammen geritten bist.'"

1) Weil das seiner Ehre Eintrag tun konnte.

إحياء علوم الدين

للإمام الغزالي

Imām al-Ghazālīs
„Wiederbelebung der Religionswissenschaften"
Iḥyā ʿulūm ad-dīn
Gliederung des Gesamtwerkes

I. VIERTEL DER GOTTESDIENSTE:

1. Buch des Wissens.
2. Buch der Glaubenslehre.
3. Buch von den Geheimnissen der Reinigung.
4. Buch von den Geheimnissen des Gebetes.
5. Buch von den Geheimnissen der Zakāh.
6. Buch von den Geheimnissen des Fastens.
7. Buch von den Geheimnissen der Pilgerfahrt.
8. Buch der Ethik der Quranrezitation.
9. Buch der Bittgebete und des Dhikr.
10. Buch der Awrād und Nachtgebete.

II. VIERTEL DER LEBENSANGELEGENHEITEN:

11. Buch der Eßsitten.
12. Buch der Ehe.
13. Buch der Ethik des Verdienstes, des Lebensunterhalts.
14. Buch des Erlaubten und Verbotenen.
15. Buch der Freundschaft, Brüderlichkeit und des Umgangs mit unterschiedlichen Menschen.
16. Buch der Isolation.
17. Buch des Reisens.
18. Buch des Hörens.
19. Buch des Gutes zu Gebietenden und Schlechtes zu Verbietenden.
20. Buch des Charakters des Propheten.

III. VIERTEL DER VERDERBENBRINGENDEN:

21. Buch der Wunder der Herzen.
22. Buch des Übens und der Erläuterung.
23. Buch des Brechens der Begierden.
24. Buch der Sünden der Zunge.
25. Buch der Mißbilligung von Zorn, Haß und Neid.
26. Buch der Mißbilligung des irdischen Lebens (Diesseits).
27. Buch der Mißbilligung von Geiz und Habgier.
28. Buch der Mißbilligung von Scheinheiligkeit.
29. Buch der Mißbilligung von Hochmut und Selbstsucht.
30. Buch der Mißbilligung von Arroganz.

IV. VIERTEL DER RETTENDEN:

31. Buch der Reue.
32. Buch der Geduld und Dankbarkeit.
33. Buch der Gottesfurcht und Hoffnung.
34. Buch der Askese und Armut.
35. Buch des Gottesvertrauens und des Tawḥīd.
36. Buch der Liebe, Sehnsucht, Geborgenheit und Zufriedenheit.
37. Buch der reinen Absicht, Aufrichtigkeit und Wahrhaftigkeit.
38. Buch der Achtsamkeit und der Abrechnung mit sich selbst.
39. Buch des Denkens.
40. Buch der Erinnerung an den Tod und dessen, was danach kommt.

Intention, reine Absicht und Wahrhaftigkeit
Kitāb an-niyyah wa l-ikhlāṣ wa ṣ-ṣidq
Das 37. Buch
der *Iḥyā' 'ulūm ad-dīn*
übersetzt und kommentiert von
Hans Bauer, 144 S., Paperback
ISBN 978–9963–40–049–2

DAS 37. BUCH der „Wiederbelebung der Religionswissenschaften" rückt die Grundfragen dessen in den Blick, was eine Handlung zu einer guten macht, durch welches seiner Momente sie vom Herrn der Universen akzeptiert, ja geliebt wird und was es ist, wodurch wir als Handelnde zu wahren Menschen werden.

Gute tausend Jahre bevor der deutsche Philosoph Immanuel Kant mit dem guten Willen die Absicht als das wesentliche Kriterium der Moralität einer Handlung erkannte, war dieses allesentscheidende Prinzip jeden Tuns und (intendierten) Lassens von Sayyidunā Muḥammad ﷺ, dem Propheten des Islams, der Menschheit verkündet worden. Imam Ghazālī hat mit vorliegendem Werk das vom Propheten hinterlassene Erbe zu einer Form zusammengebracht, die es nicht bloß zu einer unverzichtbaren Lektüre macht, sondern, weit mehr, die Sehnsucht nach dem erweckt und befördert, das uns in diesem und jenem Leben unser Glück erlangen läßt.

Erinnerung an den Tod und das Leben danach
Kitāb dhikr al-mawt wa-mā ba'dahu
Das 40. Buch
der *Ihyā' 'ulūm ad-dīn*
übersetzt von Radhia Shukrullah
352 Seiten, Paperback
ISBN 978–9963–40–050–8

IM LETZTEN BUCH seiner „Wiederbelebung der Religionswissenschaften" erinnert der Jahrtausendgelehrte an den Tod und daran, wie entscheidend wichtig es für uns ist, seiner während unseres Lebens zu gedenken, einem Ereignis nämlich Beachtung und Achtung zu erweisen, das jedem von uns mit jeder Stunde seines Lebens näher und näher rückt und dem wir uns nicht entziehen können.

Das Werk schildert, wie die alten Propheten عليهم السلام, wie Sayyidunā Muḥammad ﷺ und seine Gefährten رضي الله عنهم den Übergang von diesem in das nächste Leben geschafft haben, wie es sich bei berühmten Scheichs und Gottesfreunden verhalten hatte und was sie ihren Vertrauten darüber und vom Jenseits überhaupt übermittelten. In nie zuvor erfahrener Genauigkeit wird über den Jüngsten Tag, die Überquerung der Brücke des Ṣirāṭ, den Eintritt ins Paradies und eine noch höhere Form der Glückseligkeit im Antlitz des Barmherzigen berichtet.

WWW.SPOHR-PUBLISHERS.COM
WWW.SPOHR-PUBLISHERS.DE

Die kostbare Perle
im Wissen des Jenseits
Ad-dūrat al-fākhira
fi kashfi ʿulūm al-ākhira
112 Seiten, Paperback
ISBN 978–9963–40–047–8

DER VORLIEGENDE TEXT gehört zu den Werken der Weltliteratur, und es enthüllt das Wissen vom Weg der menschlichen Seele nach dem Tod in Schilderungen erstaunlicher, horribler, aber auch erquickender Dinge, deren Kenntnis für alle lebenden Wesen von zentraler, ja existentieller Bedeutung ist.

Und wie die Art und Weise der Verabschiedung nach einem Besuch diesem erst Farbe und Charakter gibt, so verhalten sich der Tod und das Sterben auch zum vorangegangenen Leben, geben ihm allererst Sinn, Bedeutung und Geschmack. Kann ein Leben, das sich nicht des Todes und dessen bewußt bleibt, was ihm folgt, ja eine solche Kenntnis gerade peinlichst vermeidet, nur als farblos, trocken, beschränkt und uneigentlich betrachtet werden.

Die regelmäßige Gewahrung des auf uns zukommenden Todes gehört deshalb auch zu den Gepflogenheiten der Sucher, Heiligen, Propheten und ist eine tägliche Übung der Derwische, die ihren Tod als den Übergang zu einem neuen Leben, eine Art Hochzeit, feiern.

Mukhtaṣar
The Ihyāʾ ʿulūm ad-dīn
as abriged by himself
Translated from
the Arabic, and annotated
by Marwan Khalaf
480 pages, hardcover,
thread-stitching, book mark
ISBN 978–9963–40–051–5

THE SHAYKH *and Imam, the Proof of Islam, Abū Ḥāmid Muḥammad ibn Muḥammad al-Ghazālī, may Allah be pleased with him, stated*: 'Thank God for all His bounties; for even enabling us to thank Him; and prayers and peace be upon the Master of Messengers, Muḥammad, His Prophet, Messenger and Servant, upon his family and Companions, and upon his successors after him, his Ministers in his time. – I missed, in some of my travels, a facility for extracting from the *Ihyāʾ ʿulūm ad-dīn* its essences, due to the difficulty of carrying it around with me, on account of its bulk. Hence I tackled this matter, seeking success and guidance from God and praising His Prophet. It consists of forty chapters. – And God guides to the truth.'

READERS' COMMENTS:
«I am very happy with this book!» (MEHMET NAZIM ADIL, Lefke, Cyprus) – *'I am overwhelmed by the beauty and the importance of this book.'* (IBRAHIM TAHIR, Singapore)

WWW.SPOHR-PUBLISHERS.COM
WWW.SPOHR-PUBLISHERS.DE